厚大 法考 Judicial Examination 2020

U0629206

讲义精华·精准定位·本小利大·必背必备

考前必背

鄢梦萱讲 商经法

鄢梦萱／编著

厚大出品

博观而约取
厚积而薄发

鄢梦萱

中国政法大学出版社

立志欲坚不欲锐　成功在久不在速

做法治之光
——致亲爱的考生朋友

如果问哪个群体会真正认真地学习法律,我想答案可能是备战法考的考生。

当厚大的老总力邀我们全力投入法考的培训事业,他最打动我们的一句话就是:这是一个远比象牙塔更大的舞台,我们可以向那些真正愿意去学习法律的同学普及法治的观念。

应试化的法律教育当然要帮助同学们以最便捷的方式通过法考,但它同时也可以承载法治信念的传承。

一直以来,人们习惯将应试化教育和大学教育对立开来,认为前者不登大雅之堂,充满填鸭与铜臭。然而,没有应试的导向,很少有人能够真正自律到系统地学习法律。在许多大学校园,田园牧歌式的自由放任也许能够培养出少数的精英,但不少学生却是在游戏、逃课、昏睡中浪费生命。人类所有的成就靠的其实都是艰辛的训练;法治建设所需的人才必须接受应试的锤炼。

应试化教育并不希望培养出类拔萃的精英,我们只希望为法治建设输送合格的人才,提升所有愿意学习法律的同学整体性的法律知识水平,培育真正的法治情怀。

厚大教育在全行业中率先推出了免费视频的教育模式,让优质的教育从此可以遍及每一个有网络的地方,经济问题不会再成为学生享受这些教育资源的壁垒。

最好的东西其实都是免费的,阳光、空气、无私的爱,越是弥足珍贵，越是免费的。我们希望厚大的免费课堂能够提供最优质的法律教育，一如阳光遍洒四方，带给每一位同学以法律的温暖。

没有哪一种职业资格考试像法考一样，科目之多、强度之大令人咋舌，这也是为什么通过法律职业资格考试是每一个法律人的梦想。

法考之路，并不好走。有沮丧、有压力、有疲倦，但愿你能坚持。

坚持就是胜利，法律职业资格考试如此，法治道路更是如此。

当你成为法官、检察官、律师或者其他法律工作者，你一定会面对更多的挑战、更多的压力，但是我们请你持守当初的梦想，永远不要放弃。

人生短暂，不过区区三万多天。我们每天都在走向人生的终点，对于每个人而言，我们最宝贵的财富就是时间。

感谢所有参加法考的朋友，感谢你愿意用你宝贵的时间去助力中国的法治建设。

我们都在借来的时间中生活。无论你是基于何种目的参加法考，你都被一只无形的大手抛进了法治的熔炉，要成为中国法治建设的血液，要让这个国家在法治中走向复兴。

数以万计的法条，盈千累万的试题，反反复复的训练。我们相信，这种貌似枯燥机械的复习正是对你性格的锤炼，让你迎接法治使命中更大的挑战。

　　亲爱的朋友，愿你在考试的复习中能够加倍地细心。因为将来的法律生涯，需要你心思格外的缜密，你要在纷繁芜杂的证据中不断搜索，发现疑点，去制止冤案。

　　亲爱的朋友，愿你在考试的复习中懂得放弃。你不可能学会所有的知识，抓住大头即可。将来的法律生涯，同样需要你在坚持原则的前提下有所为、有所不为。

　　亲爱的朋友，愿你在考试的复习中沉着冷静。不要为难题乱了阵脚，实在不会，那就绕道而行。法律生涯，道阻且长，唯有怀抱从容淡定的心才能笑到最后。

法律职业资格考试不仅仅是一次考试，它更是你法律生涯的一次预表。

我们祝你顺利地通过考试。

不仅仅在考试中，

也在今后的法治使命中，不悲伤、不犹豫、不彷徨。

但求理解。

厚大全体老师　谨识

2019 年 11 月

缩略语对照表 ABBREVIATION

公司法解释（二）	最高人民法院关于适用《中华人民共和国公司法》若干问题的规定（二）
公司法解释（三）	最高人民法院关于适用《中华人民共和国公司法》若干问题的规定（三）
公司法解释（四）	最高人民法院关于适用《中华人民共和国公司法》若干问题的规定（四）
公司法解释（五）	最高人民法院关于适用《中华人民共和国公司法》若干问题的规定（五）
破产法解释（二）	最高人民法院关于适用《中华人民共和国企业破产法》若干问题的规定（二）
破产法解释（三）	最高人民法院关于适用《中华人民共和国企业破产法》若干问题的规定（三）
保险法解释（三）	最高人民法院关于适用《中华人民共和国保险法》若干问题的解释（三）
保险法解释（四）	最高人民法院关于适用《中华人民共和国保险法》若干问题的解释（四）
侵犯专利权解释（二）	最高人民法院关于审理侵犯专利权纠纷案件应用法律若干问题的解释（二）
婚姻法解释（二）	最高人民法院关于适用《中华人民共和国婚姻法》若干问题的解释（二）

目 录

CONTENTS

第 1 编　商主体法

第 1 章　公司法 ·· 1

第 1 讲　公司债务清偿规则 ·· 1

考点 1　公司债务清偿的一般规则 ·· 1

考点 2　公司债务清偿的特殊规则 ·· 1

第 2 讲　公司的设立 ··· 2

考点 3　设立方式 ··· 2

考点 4　设立要素 ··· 3

考点 5　设立中公司的民事行为 ·· 4

第 3 讲　股东的出资 ··· 5

考点 6　股东出资方式、出资程序 ·· 5

考点 7　股东出资瑕疵 ·· 6

考点 8　对出资瑕疵股东的限权 ·· 7

第 4 讲　公司的股东 ··· 8

考点 9　股东资格的取得和确认 ·· 8

考点 10　名义股东与实际出资人（代持股——有限责任公司） ········· 9

考点 11　"一股二卖"问题 ··· 10

第 5 讲　股东权利（上） ·· 11

考点 12　股息红利分配请求权 ··· 11

考点 13　有限公司股权转让 ·· 11

考点 14　股份公司之股份发行和回购 13

第 6 讲　股东权利（下） 14

考点 15　股东代表诉讼权 14

考点 16　股东的知情权 15

考点 17　请求法院解散公司权 16

考点 18　股东重大分歧解决机制 17

考点 19　股东的义务 18

第 7 讲　组织机构之一：股东会（大会） 18

考点 20　股东会（大会）通知、召集程序 18

考点 21　股东会（大会）表决规则 19

考点 22　决议效力 20

第 8 讲　组织机构之二：董事会、监事会 21

考点 23　董、监、高任职资格、义务 21

考点 24　组成、任期、会议制度 22

考点 25　职权 23

第 9 讲　公司其他制度 24

考点 26　对赌协议 24

考点 27　一人公司 25

考点 28　上市公司 25

考点 29　公司的利润分配、公积金 26

考点 30　合并、分立 26

考点 31　清算程序 27

第 2 章　合伙企业法 28

第 10 讲　设立制度 28

考点 32　设立要素 28

考点 33　合伙协议 29

第 11 讲　财产份额 30

考点 34　转让、出质、强制执行 30

考点 35　优先购买权 30

第 12 讲　事务执行、决议规则 31

考点 36　事务执行规则 31

考点 37 利润分配、亏损承担 ·································· 31

考点 38 合伙人的权利 ···································· 32

第13讲 合伙企业与第三人的关系 ························ 33

考点 39 与善意第三人的关系 ·························· 33

考点 40 债务清偿规则 ···································· 33

第14讲 入伙、退伙、合伙人转换 ························ 34

考点 41 入伙、退伙 ······································ 34

考点 42 合伙人之间转换 ································ 35

第15讲 特殊普通合伙企业 ······························ 36

考点 43 特殊普合的特殊规则 ·························· 36

第3章 其他商事主体法 ··································· 37

第16讲 个人独资企业法具体法律制度 ·················· 37

考点 44 个人独资企业的设立、责任承担、事务管理 ···· 37

第17讲 外商投资法具体法律制度 ························ 38

考点 45 外商投资促进、保护、管理规则 ················ 38

第2编 商行为法

第4章 破产法 ··· 40

第18讲 破产案件的申请和受理 ·························· 40

考点 46 破产原因、破产申请人 ························ 40

考点 47 破产受理引起的程序衔接 ···················· 41

第19讲 破产管理人、债权人会议 ························ 42

考点 48 职权、关系 ······································ 42

考点 49 债权人会议的表决 ···························· 43

第20讲 破产费用、共益债务、破产债权 ················ 44

考点 50 破产费用、共益债务 ·························· 44

考点 51 破产债权 ·· 44

第21讲 债务人财产 ····································· 46

考点 52 债务人财产范围（总览） ···················· 46

考点 53　追回权 ··· 47

考点 54　取回权 ··· 47

考点 55　撤销权 ··· 49

考点 56　破产抵销权 ··· 50

第 22 讲　重整、和解、清偿规则 ··································· 52

考点 57　重整程序、和解程序 ··· 52

考点 58　破产清偿规则 ··· 54

第 5 章　票据法 ·· 55

第 23 讲　票据法原理 ··· 55

考点 59　票据特征、种类 ··· 55

第 24 讲　票据权利 ··· 56

考点 60　票据权利种类 ··· 56

考点 61　票据权利的保全、票据权利的消灭 ··················· 57

考点 62　票据权利瑕疵 ··· 57

第 25 讲　票据抗辩与补救 ··· 59

考点 63　票据抗辩 ·· 59

考点 64　票据丧失的补救 ··· 59

第 26 讲　票据行为 ··· 61

考点 65　出票 ··· 61

考点 66　背书 ··· 62

考点 67　汇票质押 ·· 63

考点 68　保证 ··· 63

考点 69　汇票——承兑、付款 ··· 64

第 27 讲　支票 ·· 65

考点 70　支票出票、付款规则 ··· 65

第 6 章　保险法 ·· 67

第 28 讲　保险合同总论 ··· 67

考点 71　保险利益 ·· 67

考点 72　订立合同，投保人应如实告知 ··························· 67

考点 73　免责条款 ·· 68

考点 74　保险合同条款纠纷 ································· 68

第 29 讲　人身保险合同 ·································· 69

考点 75　受益人 ·· 69

考点 76　未支付当期保费的处理（中止/复效制度） ······· 70

考点 77　死亡险 ·· 71

考点 78　自杀、故意犯罪 ································· 72

考点 79　人身保险事故的理赔 ····························· 73

考点 80　人身保险其他制度 ······························ 73

第 30 讲　财产保险合同 ·································· 75

考点 81　代位求偿权 ····································· 75

考点 82　保险人解除财保合同 ····························· 76

考点 83　费用承担 ·· 76

考点 84　责任保险 ·· 77

考点 85　财产保险其他制度 ······························ 78

第 7 章　《证券法》《证券投资基金法》
·· 79

第 31 讲　发行和交易规则 ································ 79

考点 86　证券发行 ·· 79

考点 87　对证券交易的限制 ······························ 80

考点 88　上市公司的要约收购 ····························· 81

考点 89　信息披露 ·· 82

考点 90　投资者保护 ····································· 83

考点 91　其他规则 ·· 84

第 32 讲　证券投资基金法 ································ 85

考点 92　基金的分类、管理 ······························ 85

第 3 编　经济法

第 8 章　竞争法
·· 87

第 33 讲　反垄断法 ······································ 87

考点 93　垄断协议 ·· 87

考点 94　其他垄断行为 ·· 88

第 34 讲　反不正当竞争法 ·· 90

考点 95　不正当竞争行为 ·· 90

第 9 章　消费者法 ·· 93

第 35 讲　消费者权益保护法 ·· 93

考点 96　消费者权利、经营者义务、争议处理 ·· 93

第 36 讲　产品质量法 ·· 95

考点 97　产品质量监督 ·· 95

考点 98　产品质量责任 ·· 95

第 37 讲　食品安全法 ·· 96

考点 99　食品标准、召回规则 ·· 96

考点 100　食品安全民事法律责任 ·· 97

考点 101　特殊食品 ·· 98

第 10 章　银行业法 ·· 100

第 38 讲　商业银行设立和业务规则 ·· 100

考点 102　设立、贷款、其他业务规则 ·· 100

第 39 讲　银行业监管职责、措施 ·· 101

考点 103　监督对象 ·· 101

考点 104　监管措施 ·· 101

考点 105　职责区分、违反银行法的法律责任 ·· 102

第 11 章　财税法 ·· 104

第 40 讲　税法概述 ·· 104

考点 106　税法原则 ·· 104

第 41 讲　个人所得税 ·· 104

考点 107　个税纳税主体 ·· 104

考点 108　纳税事项、免税、减税 ·· 105

考点 109　纳税调整、申报、汇算清缴 ·· 106

第 42 讲　企业所得税 ·· 107

考点 110　（企税）纳税主体、对象 ·· 107

考点 111 （企税）税收优惠 ···················· 108

第43讲 其他实体税法 ························ 109

考点 112 增值税、消费税、车船税 ············ 109

第44讲 税收征收管理法 ···················· 111

考点 113 税务管理 ························ 111

考点 114 税款征收 ························ 111

考点 115 税收保全、税收强制执行 ············ 112

考点 116 其他税收保障措施 ················ 113

第45讲 审计法 ·························· 114

考点 117 审计职责、审计权限 ··············· 114

第 12 章 土地法和房地产管理法 ·············· 116

第46讲 土地管理法 ······················ 116

考点 118 土地权属制度 ···················· 116

考点 119 耕地保护 ························ 117

考点 120 建设用地 ························ 118

第47讲 城市房地产管理法 ·················· 119

考点 121 房地产合同问题 ·················· 119

考点 122 房地产交易 ······················ 120

第48讲 城乡规划法 ······················ 121

考点 123 规划分类 ························ 121

考点 124 城乡规划的实施 ·················· 122

第49讲 不动产登记暂行条例 ················ 123

考点 125 不动产登记程序、登记簿与权属证书 ········ 123

第4编 劳动与社会保障法

第 13 章 劳动法律关系 ······················ 125

第50讲 劳动法律关系概述 ·················· 125

考点 126 调整对象 ························ 125

考点 127 劳动基准（工作时间、休息休假、工资） ········ 125

考点 128　劳动安全卫生、职业培训 ………………………………… 126

考点 129　女职工和未成年工特殊保护 …………………………… 127

第 51 讲　劳动合同的订立、特殊条款 ……………………… 128

考点 130　劳动合同的订立 ……………………………………… 128

考点 131　劳动合同的特殊条款 ………………………………… 128

第 52 讲　劳动合同的解除 ……………………………………… 130

考点 132　解除理由、程序、解约后果 …………………………… 130

考点 133　解约经济补偿金的计算 ……………………………… 132

第 53 讲　特殊劳动合同形式 …………………………………… 133

考点 134　无固定期限劳动合同、集体合同、非全日制工 ……… 133

考点 135　劳务派遣 ……………………………………………… 134

第 54 讲　劳动争议调解仲裁法 ………………………………… 136

考点 136　劳动争议的认定 ……………………………………… 136

考点 137　劳动争议的解决方式 ………………………………… 136

第 14 章　社会保障法 ……………………………………………… 139

第 55 讲　社会保险法 …………………………………………… 139

考点 138　社会保险一般制度 …………………………………… 139

考点 139　社会保险的险种 ……………………………………… 140

第 56 讲　军人保险法 …………………………………………… 143

考点 140　军人保险险种 ………………………………………… 143

第 5 编　环境资源法

第 15 章　环境保护法 ……………………………………………… 145

第 57 讲　环境影响评价 ………………………………………… 145

考点 141　环评分类；禁止重复评价 ……………………………… 145

第 58 讲　环境保护法 …………………………………………… 146

考点 142　环境保护法律制度 …………………………………… 146

考点 143　环境民事责任、行政责任 ……………………………… 148

第16章 自然资源法 · 150

第59讲　森林法、矿产资源法 · 150

考点144　森林法律制度 · 150

考点145　矿产资源法律制度 · 152

第6编　知识产权法

第17章 著作权法 · 154

第60讲　著作权概述 · 154

考点146　著作权的客体 · 154

考点147　著作权的主体——作者 · · · · · · · · · · · · · · · · · 155

考点148　著作权的内容 · 157

考点149　合理使用制度、法定许可制度 · · · · · · · · · · 159

第61讲　邻接权 · 161

考点150　出版社、表演者、录制者、播放者的权利 · · · · · · 161

第62讲　著作权侵权 · 164

考点151　计算机软件、互联网著作权侵权认定 · · · · · 164

第18章 专利权法 · 166

第63讲　专利权的客体、主体 · 166

考点152　专利权客体 · 166

考点153　专利权主体 · 167

第64讲　专利申请、授予 · 168

考点154　专利授权条件 · 168

考点155　专利申请原则 · 169

第65讲　专利权的无效、强制许可制度 · · · · · · · · · · · · · · 170

考点156　专利权无效 · 170

考点157　专利强制许可制度 · 170

第66讲　专利侵权 · 172

考点158　专利侵权行为 · 172

考点159　专利侵权诉讼 · 174

第 19 章　商标权法 176

第 67 讲　商标概述 176

考点 160　注册商标的分类、构成 176

考点 161　禁用标志 177

考点 162　禁注标志 177

考点 163　在先使用未注册商标 178

考点 164　驰名商标 178

第 68 讲　商标的注册 179

考点 165　商标注册原则、程序 179

考点 166　商标注册代理 180

第 69 讲　商标权消灭 181

考点 167　注册商标的撤销 181

考点 168　注册商标的无效 181

第 70 讲　商标权 182

考点 169　商标权的内容 182

考点 170　商标侵权 183

考点 171　商标侵权诉讼 184

第1章 公司法

第❶讲 公司债务清偿规则

考点① ▶ 公司债务清偿的一般规则

一般规则	1. 公司以全部财产对公司的债务承担责任。 2. 股东除按认缴出资（认缴股份）缴足出资款外，对公司的债务不承担清偿责任。
分公司、 子公司	1. 分公司债务的清偿 （1）分公司不具有法人资格，其民事责任由总公司承担； （2）分公司有营业执照，是独立诉讼主体。
	2. 子公司债务的清偿 （1）子公司具有法人资格，独立承担民事责任； （2）子公司有营业执照，是独立诉讼主体。

考点② ▶ 公司债务清偿的特殊规则

人格否认 （滥用权 利股东）	[公司人格否认制度] 公司股东滥用公司法人独立地位和股东有限责任，逃避债务，严重损害公司债权人利益的，应当对公司债务承担连带责任。 1. 股东有滥用行为。（如：公司空壳经营；人格混同；股东操纵公司） 2. 严重损害公司债权人的利益。 3. 仅滥用权利股东承担连带责任。（并非全体股东）
出资瑕疵 股东	1. 设立时出资瑕疵的股东对公司债权人的责任：未出资本息范围内+一次责任+补充赔偿+连带责任（发起人和该股东连带责任）。 2. 包括：出资违约股东；出资不实（虚假评估）股东。

续表

抽逃出资股东	抽逃出资的股东在抽逃出资本息范围内对公司债务不能清偿的部分承担补充赔偿责任。协助抽逃出资的其他股东……对此承担连带责任。
代持股	公司债务不能清偿时，债权人可请求名义股东在未出资本息范围内承担补充赔偿责任。

练 习 ▶ 判断正误

1. 有限责任公司股东承担有限责任的基础是实缴的出资额。

[答 案] 错误。

2. 在符合公司法人人格否认制度前提下，债权人可以向滥用权利的股东直接求偿。

[答 案] 正确。

3. 若萱草公司对其子公司无度操纵和干预，导致子公司无法清偿债务，则对债权人而言，萱草公司应当与子公司承担连带责任。

[答 案] 正确。

第 2 讲　公司的设立

考 点 3 ▶ 设立方式

设立方式	1. 有限公司：只能采取发起设立的方式，由全体股东出资设立。 2. 股份公司：可以采取发起设立或者募集设立的方式。
募集设立	1. 发起人认购的股份不得少于公司股份总数的35%；但是，法律、行政法规另有规定的，从其规定。 2. 公告招股说明书，并制作认股书。 3. 发起人应当与证券公司签订承销协议，与银行签订代收股款协议。 4. 发行股份的股款缴足后，经法定验资机构验资并出具证明。
创立大会	1. 发起人应当自股款缴足之日起 30 日内主持召开公司创立大会。 2. 创立大会应有代表股份总数过半数的发起人、认股人出席，方可举行。 3. 职权（2 审 2 人 1 通过） （1）审议发起人关于公司筹办情况的报告； （2）审核公司的设立费用/审核对发起人用于抵作股款的财产的作价； （3）选举董事会/监事会成员； （4）通过公司章程； （5）发生不可抗力或者经营条件发生重大变化直接影响公司设立的，可以作出不设立公司的决议。

续表

| 抽回股本 | 出资后，除①未按期募足股份、②发起人未按期召开创立大会、③创立大会决议不设立公司的情形外，不得抽回其股本。 |

考点④ ▶ 设立要素

公司名称	1. 可以使用的字号：①外文名称；②有正当理由可以使用本地或者异地地名（但不得使用县以上行政区划名称作字号）；③私营企业可以使用投资人姓名作字号。 2. 不可使用的字号：①有损于国家、社会公共利益的；②可能对公众造成欺骗或者误解的；③外国国家（地区）名称……及部队番号；④汉语拼音字母（外文名称中使用的除外）、数字。	
章　程	约束力	章程对公司、股东、董事、监事、高级管理人员具有约束力。（股东包括：起草制定公司章程的股东+后加入公司的股东）
	修　改	章程修改→股东会会议作出决议（特别表决权），公司可以修改公司章程，但是应当办理变更登记。
	章程优先事项	有限公司下列事项，章程有约定按约定（章程优先）： 1. 自然人股东死亡后，继承人可继承股东资格。章程另有规定除外。 2. 股权对外协议转让规则，章定。 3. 董事长/副董事长的产生办法，章定。 4. 股东会定期会议，依章程的规定按时召开。（章定） 5. 股东会的议事方式和表决程序，除另有规定的外，章定。
	法定事项	有限公司下列事项，不允许章程另外规定： 1. 董事会采取"一人一票"表决规则。 2. 为本公司股东担保：被担保的股东，不得参加担保相关事项的表决。该项表决由出席会议的其他股东所持表决权的过半数通过。 3. 监事会组成，包括"股东代表+职工代表"，职工代表的比例不得低于1/3，具体比例由章程定。（章定+法定）
注册资本	1. 注册资本要在章程中规定，并在营业执照中载明。	
	2. 募集设立的股份公司，注册资本为在公司登记机关登记的实收股本总额。	
	3. 有限公司、发起设立的股份公司，注册资本为认缴（认购）股本额。	
	4. 注册资本的变更，以变更登记时间为准。 （1）增资→应当自股东会变更决议或者决定作出之日起30日内申请变更登记； （2）减资→应当自公告之日起45日后申请变更登记。	

考点 5 ▶ 设立中公司的民事行为

发起人	1. 有限公司：发起人人数 1~50 人。 2. 股份公司：①发起人人数 2~200 人；②无国籍要求；③半数以上的发起人在中国境内有住所；④必须认购股份。
性　质	"设立中公司"性质为"发起人合伙"。发起人之间应当签订发起人协议（≠章程）。
设立阶段 -合同问题	1. 设立人为设立法人以自己的名义从事民事活动产生的民事责任→第三人有权选择请求法人或者设立人承担。（公司成立后对前述合同予以确认，或者已经实际享有合同权利或者履行合同义务，合同相对人请求公司承担合同责任的，法院应予支持） 2. 发起人以设立中公司名义对外签订合同→公司成立后，由公司承担合同责任。 3. 公司成立后有证据证明发起人利用设立中公司的名义为自己的利益与相对人签订合同，公司以此可主张不承担合同责任。但相对人为善意的除外。 4. 公司因故未成立，法律后果由设立人承受。债权人可请求全体或者部分发起人对设立公司行为所产生的费用和债务承担连带清偿责任。
设立阶段 -侵权问题	1. 发起人因履行公司设立职责造成他人损害→公司成立后受害人请求公司承担侵权赔偿责任。 2. 公司未成立，受害人请求全体发起人承担连带赔偿责任。 3. 公司或者无过错的发起人承担赔偿责任后，可以向有过错的发起人追偿。

练 习 ▶ 判断正误

1. 公司章程和营业执照均应载明公司注册资本和实缴资本。

[答案] 错误。（营业执照无需载明实缴资本）

2. 公司章程由全体股东制定，修改须经全体股东同意。

[答案] 错误。

3. 甲、乙、丙等拟以募集方式设立萱草股份公司。在设立筹备阶段召开的公司创立大会上，应由创立大会审核甲、乙、丙等出资的验资证明。

[答案] 错误。

4. 募集设立时，发行股份的股款缴足后，须经依法设立的验资机构验资并出具证明。

[答案] 正确。

5. 募集设立时，发起人应与依法设立的证券公司签订承销协议和代收股款协议，由其承销公开募集的股份。

[答案] 错误。

6. 募集设立时，缴纳出资后 45 日未召开创立大会的，认股人可抽回股本。

[答案] 错误。

第❸讲　股东的出资

考点❻▶股东出资方式、出资程序

禁止出资	股东不得以劳务、信用、自然人姓名、商誉、特许经营权或者设定担保的财产等作价出资。
货币出资	1. 货币无金额限制。（1元钱可以设立公司） 2. 货币无来源限制，所占即所得。（以贪污、受贿、侵占、挪用等违法犯罪所得的货币出资后取得股权的，对违法犯罪行为予以追究、处罚时，应当采取拍卖或者变卖的方式处置其股权） 3. 非法货币出资，可取得股权，不适用"无权处分善意取得"。
实　物	1. 所有权换股权。 2. 非货币出资：可作价+可转让。 3. 以不享有处分权的财产出资，依照"无权处分善意取得"处理。（受让公司：善意+受让公司支付合理价格+不动产登记/动产交付）
不动产 （知识产权） 的交付和 过户分离	1. 交付未过户 （1）办理权属变更后，该出资瑕疵可补正； （2）实际交付财产给公司使用时享有相应股东权利。（交付后享有） 2. 过户未交付 （1）公司或其他股东可主张其向公司交付； （2）实际交付财产公司使用时享有相应股东权利。（交付后享有）
股权出资	出资人以其他公司股权出资，需要符合：（股权属性清晰，权能完整） 1. 出资的股权由出资人合法持有并依法可以转让。 2. 出资的股权无权利瑕疵或者权利负担。 3. 出资人已履行关于股权转让的法定手续。 4. 出资的股权已依法进行了价值评估。
土地使用权	1. 不得以①划拨土地使用权或②设定权利负担的土地使用权出资。 2. 上述瑕疵可补正。法院应当责令当事人在指定的合理期间内办理土地变更手续或者解除权利负担。 3. 逾期未办理或者未解除的，法院应当认定出资人未依法全面履行出资义务。

考点 7 ▶ 股东出资瑕疵

（一）出资违约

认　定	设立时，股东货币未足额出资/非货币财产未转移财产权。
处　理	1. 应当向已按期足额缴纳出资的其他发起人→承担违约责任。
	2. 对公司＝补足＋连带。 （1）公司或者其他股东可请求该出资瑕疵股东→向公司依法全面履行出资义务； （2）发起人与该出资瑕疵股东承担连带责任；（不含新加入的股东） （3）其他发起人承担责任后，可以向被告股东追偿。
	3. 股东对债权人的责任：未出资本息范围内＋一次责任＋补充赔偿＋连带责任（不含新加入股东）。

（二）出资不实

认　定	1. 非货币财产虚假高估。 2. 但是，因市场变化或者其他客观因素导致贬值→股东不担责。（另有约定的除外）
未评估的处理	1. 非货币财产出资，未依法评估作价，发生纠纷时，法院应当委托具有合法资格的评估机构对该财产评估作价。（瑕疵可补正） 2. 评估确定的价额显著低于公司章程所定价额的，法院应当认定出资人未依法全面履行出资义务。
处　理	1. 对其他发起人→无违约责任。
	2. 对公司＝补足＋连带。 （1）公司或者其他股东可请求该出资瑕疵股东→向公司依法全面履行出资义务； （2）发起人与该出资瑕疵股东承担连带责任；（不含新加入的股东） （3）其他发起人承担责任后，可以向被告股东追偿。
	3. 股东对债权人的责任：未出资本息范围内＋一次责任＋补充赔偿＋连带责任（不含新加入股东）。
	4. 承担资产评估、验资或者验证的机构因其出具的评估结果、验资或者验证证明不实，给公司债权人造成损失的，除能够证明自己没有过错的外，在其评估或者证明不实的金额范围内承担赔偿责任。

（三）增资瑕疵

如何增资	1. 公司新增资本时，股东有权优先按照实缴的出资比例认缴出资。但是，全体股东另有约定的除外。 2. 公司增资、减资决议→必须经代表2/3以上表决权的股东通过。

续表

处　理	公司增资时，若出现股东出资瑕疵，其法律责任为： 1. 该增资瑕疵股东对公司承担补足出资的责任。 2. 公司债权人请求增资瑕疵股东在未出资本息范围内对公司债务不能清偿的部分承担补充赔偿责任。 3. 上述公司、债权人可请求未尽忠实勤勉义务而使出资未缴足的董事、高级管理人员承担相应的责任。董事、高级管理人员承担责任后，可以向被告股东追偿。（过错+相应）

（四）抽逃出资

认　定	1. 抽逃出资的认定 （1）制作虚假财务会计报表虚增利润进行分配； （2）通过虚构债权债务关系将其出资转出； （3）利用关联交易将出资转出； （4）其他未经法定程序将出资抽回的行为。
	2. 垫付出资人≠抽逃出资人。 第三人代垫资金协助发起人设立公司，代垫出资人无需和抽逃出资的股东承担连带责任。
处　理	1. 公司或者其他股东可请求该抽逃出资的股东向公司返还出资本息；协助抽逃出资的其他股东、董事、高级管理人员或者实际控制人对此承担连带责任。（返还+连带） 2. 该抽逃出资的股东对债权人：抽逃出资本息范围内+补充赔偿+连带责任+一次责任 （1）只限于"抽逃出资本息"，并非无限连带责任； （2）补充赔偿：即先由公司承担，不足部分由抽逃股东向债权人赔偿； （3）连带责任：协助抽逃者+该抽逃出资股东，对债权人承担连带责任。

考点 8 ▶ 对出资瑕疵股东的限权

限　权	1. 股东未履行、未全面履行、抽逃出资（统称为"瑕疵股东"），根据章程或者股东会决议，公司可对其利润分配请求权、新股优先认购权、剩余财产分配请求权等股东权利作出相应的合理限制。 2. "相应合理限制"即，瑕疵股东按照实缴的出资比例分取红利。
除　名 （仅有限公司）	仅指有限公司，股东未履行、抽逃全部出资，经过公司催告、股东会决议： 1. 可解除股东资格。 2. 解除股东资格时，公司要减资，或其他人缴纳。 3. 减资或其他人缴足前，股东对债权人的责任不免除。
另　募	仅指股份公司，认股人未按期缴纳所认股份的股款，发起人可以对该股份另行募集。

续表

瑕疵股权转让	1. 转让瑕疵股权，受让人对此知道或者应当知道的： （1）公司可请求该股东履行出资义务、受让人对此承担连带责任。 （2）债权人可请求瑕疵股东承担补充赔偿责任，且受让人对此承担连带责任。 （3）受让人承担责任后，可向该未履行或者未全面履行出资义务的股东追偿。但是，当事人另有约定的除外。
	2. 瑕疵股权禁止作为设立公司的出资形式。
出资不适用诉讼时效抗辩	1. 瑕疵股东向公司全面履行出资或者返还出资→不受诉讼时效限制。也即该股东不得以出资超过诉讼时效为由进行抗辩。 2. 债权未过诉讼时效期间+公司不能清偿到期债务时：债权人请求瑕疵股东承担赔偿责任的，瑕疵股东不得以出资或者返还出资义务超过诉讼时效期间为由进行抗辩。

练 习 ▶ 判断正误

1. 公司增加注册资本时，现有股东有权按照认缴出资比例来认缴新增注册资本的出资。

答案 错误。

2. 设立公司时，股东未按期足额缴纳出资的，公司全体股东与该出资瑕疵股东承担连带责任。

答案 错误。（仅为发起人之间承担连带责任）

3. 股东王五擅自将天问公司若干贵重设备拿回家，构成抽逃出资。

答案 错误。

4. 甲公司章程规定出资期限到 2028 年底，现公司经营困境于 2018 年 1 月被法院受理破产，股东汪某尚欠 150 万元的出资未缴纳，则破产管理人有义务要求汪某履行出资义务。

答案 正确。

5. 甲、乙、丙为东方公司股东，甲、乙按期缴足了出资，丙到期仅缴 80%，经公司催告也未缴足。当年年底东方公司分红时，其他股东可通过决议取消丙当年的分红资格。

答案 错误。（应当是依据"实缴出资比例"取得分红）

第❹讲　公司的股东

考点 9 ▶ 股东资格的取得和确认

出资证明书	1. 有限责任公司成立后，应当向股东签发出资证明书。
	2. 出资证明书应当载明下列事项： （1）公司名称； （2）公司成立日期； （3）公司注册资本；

续表

出资证明书	（4）股东的姓名或者名称、缴纳的出资额和出资日期； （5）出资证明书的编号和核发日期。
股东名册	记载于股东名册的股东，可以依股东名册主张行使股东权利。所以，股东名册是股东身份或资格的法定证明文件。
公司登记	1. 公司应当将股东的姓名或者名称向公司登记机关登记。 2. 登记事项发生变更的，应当办理变更登记。未经登记或者变更登记的，不得对抗（善意）第三人。
纠纷处理	1. 公司登记机关记载的股东名单与股东名册记载有冲突的： （1）对公司内部而言：以股东名册为准； （2）对外部而言：以公司登记为准。
	2. 股东出资瑕疵，不能否定股东资格。
	3. 股东资格纠纷，均以公司为被告，与案件争议股权有利害关系的人作为第三人参加诉讼。

考点⑩ ▶ 名义股东与实际出资人（代持股——有限责任公司）

实际出资人 –名义股东	1. 一般情况，代持股合同有效。（《公司法解释（三）》仅规范"有限责任公司"代持股纠纷）
	2. 实际出资人与名义出资人订立"代持股"合同，该合同效力依据《民法典》确定。
	3. 实际出资人可以其实际履行了出资义务为由向名义股东主张权利。（投资权益属于"实际出资人"）
实际出资人 –公司	（有限责任公司）实际出资人请求公司变更股东、签发出资证明书、记载于股东名册、记载于公司章程并办理公司登记机关登记→经公司其他股东半数以上同意。
名义股东 处分股权	名义股东将登记于其名下的股权转让、质押或者以其他方式处分： 1. 定性→有权处分。（理论上有争论，但答案支持"有权处分"） 2. 处理→受让人符合：善意+对价+手续全，可以取得股权。 3. 对实际出资人的救济→赔偿。但股权由善意第三人享有。
和债权人 的关系	当公司债务不能清偿时：债权人可请求名义股东在未出资本息范围内承担补充赔偿责任。（对外→名义股东对债权人担责；内部→名义股东可向实际出资人内部追偿）
冒　名	1. "冒名≠代持"。 2. 冒名登记行为人应当承担相应责任。 3. 被冒名者，无权无责。

考点 ⑪ ▶ "一股二卖" 问题

叶某是甲有限公司的股东，今年初将股权转让给刘某，甲公司股东名册已经变更为刘某。但甲公司未办理股东变更登记。同年8月，叶某又将上述股权转让给了王某。此即"一股二卖"问题。

1. 叶某和刘某：股权转让合同有效。
2. 叶某和王某：股权转让合同有效。
3. 王某符合"善意取得条件"，可取得股东资格。
4. 刘某的损害：叶某及相关人承担赔偿责任。

定　性	一股二卖，是指股权转让后尚未向公司登记机关办理变更登记，原股东将仍登记于其名下的股权转让、质押或者以其他方式处分的行为。（一股二卖，参照《民法典》善意取得处理）
第一次处分股权行为	有效。
	如果该股权被第三人善意取得，则第一次受让股东可得到相应赔偿。
第二次处分股权行为	1. 其定性为无权处分。 2. 第二次股权转让合同有效。 3. 第三人要符合善意取得条件（善意+对价+手续全）→可取得股权（即取得股东资格）。 4. 第三人如果善意取得股权，则第一次受让股东可获得相应赔偿。

练 习 ▶ 判断正误

1. 股东名册须提交于公司登记机关。

[答案] 错误。（提交的是"股东的姓名或者名称"，而非"股东名册"）

2. 就股东事项，股东名册记载与公司登记之间不一致时，以公司登记为准。

[答案] 错误。（对公司内部而言：以股东名册为准；对公司外部人而言：以公司登记为准）

3. 若某有限责任公司股东遗失出资证明书，其股东资格并不因此丧失。

[答案] 正确。

4. 实际出资人可以实际履行出资义务为由，要求公司变更自己为股东。

[答案] 错误。

5. 大伟不想让自己的名字出现在公司股东名册上，在未告知其弟小伟的情况下，直接持小伟的身份证等证件，将小伟登记为公司股东，则公司股东应是大伟。

[答案] 正确。

第❺讲　股东权利（上）

考点⑫▶ 股息红利分配请求权

分配原则	约定优先，实缴（实持）补充。（即，公司弥补亏损和提取公积金后所余税后利润，有限股东按照实缴的出资比例分取红利；公司新增资本时，股东有权优先按照实缴的出资比例认缴出资。但是，全体股东约定不按照出资比例分取红利或者不按照出资比例优先认缴出资的除外。）
诉讼主体	1. 股东请求公司分配利润案件，应当列公司为被告。 2. 一审法庭辩论终结前，其他股东基于同一分配方案请求分配利润并申请参加诉讼的，应当列为共同原告。
诉讼前提	1. 股东提交载明具体分配方案的股东会（股东大会）的有效决议，请求公司分配利润，公司拒绝分配利润且其关于无法执行决议的抗辩理由不成立的→判决公司分配利润。 2. 股东未提交载明具体分配方案的股东会（股东大会）决议，请求公司分配利润的→法院驳回其诉讼请求。（但违反法律规定滥用股东权利导致公司不分配利润，给其他股东造成损失的除外）
公司分配利润的时限	公司应当在股东会（股东大会）决议载明的时间内完成利润分配。决议没有载明时间的，以章程规定的为准。决议、章程中均未规定时间或者时间超过1年的，公司应当自决议作出之日起1年内完成利润分配。 分配方案≤1年　→　公司章程≤1年　→　1年
决议撤销	决议中载明的利润分配完成时间超过公司章程规定时间的，股东可以依据《公司法》第22条第2款规定请求人民法院撤销决议中关于该时间的规定。（《公司法解释（五）》第4条第2款）

考点⑬▶ 有限公司股权转让

（一）股权协议转让

股东之间	自由转随便转；其他股东无优先购买权。	
股东向第三人转让股权	一般规则	1. 经其他股东过半数的同意（人数过半）。 2. 应书面通知其他股东征求同意（或者其他能够确认收悉的合理方式通知）。 3. 其他股东30日未答复的，视为其同意。

续表

股东向 第三人 转让股权	一般规则	4. 其他股东半数以上不同意转让，不同意的股东应当购买；不购买的视为同意转让。
	优先 购买权的 行使规则	1. 经股东同意转让的股权，在同等条件下，其他股东可主张优先购买。（同等条件，是指转让股权的数量、价格、支付方式及期限等因素相同） 2. 优先购买权行使时间：①收到通知后，在章程规定的行使期间内提出购买请求；②章程规定不明的，以"通知"确定的期间为准；③"通知"未明确的，或"通知"确定的期间短于30日的，为30日。（章定→通知≥30日→30日） 3. 在其他股东主张优先购买后，转让股东又不同意转让股权的（转让股东反悔），其他股东无优先购买权。转让股东赔偿其他股东的损失。 4. 自然人股东因继承发生变化时，其他股东不可主张优先购买权。（但章程另有规定或者全体股东另有约定的除外） 5. 两个以上的股东都愿意受让该转让的股权，应当通过协商确定各自受让的比例；若协商不成，则按照转让时各自的出资比例行使优先购买权。
	损害优先 购买权的 处理	1. 对外转让股权，未征求其他股东意见，或者以欺诈、恶意串通等手段，损害其他股东优先购买权，其他股东可主张按照同等条件购买该转让股权。（时间：其他股东自知道或者应当知道行使优先购买权的同等条件之日起30日内没有主张，或自股权变更登记之日起超过1年的，不再享有优先购买权） 2. 上述情形，其他股东仅提出确认股权转让合同及股权变动效力等请求，未同时主张按照同等条件购买转让股权的，法院不予支持。但其他股东非因自身原因导致无法行使优先购买权，请求损害赔偿的除外。 3. 股东以外的股权受让人，因股东行使优先购买权而不能实现合同目的的，可以依法请求转让股东承担相应民事责任。
章程优先		章程中对股权转让有不同规定的，则从其约定。

（二）股权被强制执行

强执程序	1. 法院依强制执行程序转让股东的股权时，应当通知公司及全体股东。 2. 其他股东在同等条件下有优先购买权。 3. 其他股东自法院通知之日起满20日不行使优先购买权的，视为放弃优先购买权。

（三）股权被公司收购

> 55合分转，该"死"不"死"改章程

内　容	对股东会下列决议投反对票的股东，可以请求公司按照合理的价格收购其股权： 1. 公司连续5年不向股东分配利润，而公司该5年连续盈利，并且符合分配利润条件的。 2. 股东会议公司合并、分立、转让主要财产的。 3. 章程规定的营业期限届满或者章程规定的其他解散事由出现，股东会会议通过决议修改章程使公司存续。

续表

程　序	自股东会会议决议通过之日起60日内，股东与公司不能达成股权收购协议的，股东可以自股东会会议决议通过之日起90日内向人民法院提起诉讼。（先协商，再诉讼）

考点⑭▶ 股份公司之股份发行和回购

发行价格		1. 股票发行价格可以按票面金额，也可以超过票面金额，但不得低于票面金额。（可平价、溢价；禁折价） 2. 我国不允许发行无额面股。（股票应当载明：股票种类、票面金额及代表的股份数） 3. 公司向发起人、法人发行的股票，应当为记名股票。对社会公众发行的股票，可以为记名股票，也可以为无记名股票。
锁定期		1. 发起人自公司成立之日起1年内不得转让。自股票上市交易之日起1年内不得转让。 2. 董/监/高自股票上市交易之日起1年内不得转让。离职后半年内不得转让。任职期间每年转让的股份≤其所持有本公司股份总数的25%。
公司股份回购规则（2019年修改）	原则	公司不得收购本公司股份。
	例外	有下列六种情形之一的，公司可以回购本公司股份： 1. 减资。（股东大会决议+自收购之日起10日内注销） 2. 与持有本公司股份的其他公司合并。（股东大会决议+6个月内转让或者注销） 3. 用于员工持股计划或者股权激励。（①可依照章程或者股东大会的授权，经2/3以上董事出席的董事会会议决议；②公司合计持有的本公司股份数≤本公司已发行股份总额的10%；③3年内转让或者注销） 4. 股东对公司合并、分立决议持异议要求公司收购其股份。（在6个月内转让或者注销） 5. 将股份用于转换上市公司发行的可转换为股票的公司债券。（①公司合计持有的本公司股份数≤本公司已发行股份总额的10%；②3年内转让或者注销） 6. 上市公司为维护公司价值及股东权益所必需。（①可依章程或者股东大会的授权，经2/3以上董事出席的董事会会议决议；②公司合计持有的本公司股份数≤本公司已发行股份总额的10%；③3年内转让或者注销）
	特别规定	上市公司收购本公司股份的，应当依照《证券法》的规定履行信息披露义务。上市公司因上述情形3、5、6收购本公司股份的，应当通过公开的集中交易方式进行。
质　权		公司不得接受本公司的股票作为质押权的标的。

练习▶ 判断正误

1. 小栗子是萱草有限公司股东，他将股权转让给另一股东小橙子，该公司其他股东享有优先购买权。

[答案]错误。

2. 小栗子是萱草有限公司股东，他拟将股权转让给外人，另一股东小橙子主张优先购买权后，小栗子反悔又不同意转让股权的，小橙子仍享有优先购买权。

[答案]错误。

3. 小栗子未征求其他股东意见即对外转让股权，其他股东可主张小栗子股权转让合同无效。

[答案]错误。

4. 某公司章程规定，股东死亡后，其继承人不到18岁不能继承股东资格。该条款有效。

[答案]正确。

5. 孟某是甲公司股东，孟某的债权人乙公司在申请强制执行孟某的股权时，应通知甲公司的其他股东。

[答案]错误。（应是法院通知）

6. 甲公司股东孟某的股权被法院强制执行时，甲公司的其他股东自通知之日起1个月内，可主张行使优先购买权。

[答案]错误。（20日内）

7. 在萱草股份公司中，股东之一阿萱可以不经其他股东同意对外转让其股份。

[答案]正确。

8. 萱草股份公司拟上市时，股票票面金额为1元，为吸引更多投资者，公司决定股票发行价格为0.9元。

[答案]错误。

9. 甲上市公司股东大会通过决议：决定与乙公司联合开发房地产，并要求乙公司以其持有的甲公司股份作为履行合同的质押担保。

[答案]错误。

10. 股份公司的股东转让其股份时，其他发起人可依法主张优先购买权。

[答案]错误。

第6讲　股东权利（下）

考点15 ▶ 股东代表诉讼权

诉讼原因	董事、监事、高级管理人员执行公司职务时违反法律、行政法规或者公司章程的规定，给公司造成损失的，或者他人侵犯公司合法权益，给公司造成损失。
原告	1. 有限公司，提起股东代表诉讼的股东无限制，没有持股比例、没有持股时间的要求。 2. 股份公司，提起股东代表诉讼的股东要满足"连续180日+单独（合计）1%以上股份"。 3. 股东提起股东代表诉讼，被告以行为发生时原告尚未成为公司股东为由抗辩该股东不是适格原告的，人民法院不予支持（即何时成为股东不影响起诉）。

续表

救济步骤	1. ［第1步］股东向公司提请求，适用"交叉请求"规则。（①董事高管害公司→股东向监事会请求；②监事害公司→股东向董事会请求；③因关联交易害公司→股东向监事会请求）一般情况下，股东没有履行该前置程序的，应当驳回起诉。但是，如果查明的相关事实表明，根本不存在该种可能性的，法院不应当以原告未履行前置程序为由驳回起诉。（观点来源：《全国法院民商事审判工作会议纪要》第25点） 2. ［第2步］上述董事会（监事会）接受股东书面请求，则公司提起诉讼。［原告是公司，监事会主席（或董事长）为诉讼代表人；被告是侵权人］ 3. ［第3步］上述董事会（监事会）拒绝提起诉讼，则股东提起"代表诉讼"。（原告→股东；被告→侵权人；公司→第三人） 4. 一审法庭辩论终结前，其他适格股东以相同的诉讼请求申请参加诉讼的，应当列为共同原告。 5. 判决对未参加诉讼的股东发生法律效力。
胜诉利益	1. 股东代表诉讼中，股东请求被告直接向其承担民事责任的，不予支持。（胜诉利益归公司） 2. 股东提起代表诉讼案件，其诉讼请求部分或者全部得到法院支持的，公司应当承担股东因参加诉讼支付的合理费用。例如，股东支出的调查费、评估费、公证费等合理费用。
被告反诉	股东提起股东代表诉讼后，被告以原告股东恶意起诉侵犯其合法权益为由提起反诉的，法院应予受理。被告以公司在案涉纠纷中应当承担侵权或者违约等责任为由对公司提出的反诉，因不符合反诉的要件，应当裁定不予受理；已经受理的，裁定驳回起诉。（观点来源：《全国法院民商事审判工作会议纪要》第26点）

考点 16 ▶ 股东的知情权

有限公司	1. 股东有权查阅、复制章程……财务会计报告。 2. 股东可以要求查阅公司会计账簿。 ［要点1］原告须具有股东资格。公司有证据证明原告在起诉时不具有公司股东资格的，法院应当驳回起诉；但原告有初步证据证明在持股期间其合法权益受到损害，请求依法查阅或者复制其持股期间的公司特定文件材料的除外。 ［要点2］股东应当向公司提出书面请求，说明目的。（账簿，是指总账、明细账、日记账以及其他辅助性账簿，含记账凭证） ［要点3］有限责任公司有合理根据认为股东查阅会计账簿有不正当目的，可能损害公司合法利益的，可以拒绝提供查阅，并应当自股东提出书面请求之日起15日内书面答复股东并说明理由。 ［要点4］公司拒绝提供查阅的，股东可以请求法院要求公司提供查阅。

续表

有限公司	3. 有下列情形之一的，应当认定股东查阅会计账簿有"不正当目的"： （1）股东自营或者为他人经营与公司主营业务有实质性竞争关系业务的，但公司章程另有规定或者全体股东另有约定的除外； （2）股东为了向他人通报有关信息查阅公司会计账簿，可能损害公司合法利益的； （3）股东在向公司提出查阅请求之日前的3年内，曾通过查阅公司会计账簿，向他人通报有关信息损害公司合法利益的； （4）股东有不正当目的的其他情形。
	4. 公司章程、股东之间的协议等实质性剥夺股东依据公司法规定查阅或者复制公司文件材料的权利，公司不得以此为由拒绝股东查阅或者复制。
	5. 法院判决中应明确查阅或者复制公司特定文件材料的时间、地点和特定文件材料的名录。
	6. 依据法院生效判决，在该股东在场的情况下，可由会计师、律师等辅助进行查阅。
	7. 股东、辅助股东查阅公司文件材料的人泄露公司商业秘密的，公司可以请求责任人赔偿相关损失。
	8. 董事、高管等未依法履行职责，导致公司未依法制作或者保存公司文件材料，给股东造成损失，股东可以请求负有相应责任的董事、高级管理人员承担民事赔偿责任。
股份公司	1. 股东有查阅权。股东有权查阅公司章程……财务会计报告，对公司的经营提出建议或者质询。 2. 股东有诉权。股份公司的股东依据法律或章程规定起诉请求查阅公司特定文件材料的，法院应当予以受理。

考点 17 ▶ 请求法院解散公司权

《公司法》第 182 条　公司经营管理发生严重困难，继续存续会使股东利益受到重大损失，通过其他途径不能解决的，持有公司全部股东表决权 10% 以上的股东，可以请求人民法院解散公司。

> 2年不开花；2年不结果；吵成一锅粥

可解散公司的理由	1. 公司持续2年以上无法召开股东会或者股东大会，公司经营管理发生严重困难的。 2. 股东表决时无法达到法定或者公司章程规定的比例，持续2年以上不能做出有效的股东会或者股东大会决议，公司经营管理发生严重困难的。 3. 公司董事长期冲突，且无法通过股东会或者股东大会解决，公司经营管理发生严重困难的。 4. 经营管理发生其他严重困难，公司继续存续会使股东利益受到重大损失的情形。（兜底条款）

续表

不可解散 公司的理由	1. 股东以知情权、利润分配请求权等权益受到损害为由，不得解散公司。 2. 以公司亏损、财产不足以偿还全部债务为由，不得解散公司。 3. 以公司被吊销企业法人营业执照未进行清算为由，不得解散公司。
诉讼主体	1. 原告：单独或合计持有公司全部股东表决权 10% 以上的股东；其他股东可以申请以共同原告或第三人身份参加诉讼。
	2. 被告 （1）解散公司诉讼，应当以公司为被告； （2）原告以其他股东为被告一并提起诉讼的，法院应当告知原告将其他股东变更为第三人； （3）原告坚持不予变更的，法院应当驳回原告对其他股东的起诉。
案 由	股东提起解散公司诉讼，同时又申请法院对公司进行清算的，法院对其提出的清算申请不予受理。
诉讼中保全	1. 股东提起解散公司诉讼时，向法院申请财产保全或者证据保全的。 2. 在股东提供担保且不影响公司正常经营的情形下，法院可予以保全。

考点 ⑱ ▶ 股东重大分歧解决机制

《公司法解释（五）》第 5 条规定："人民法院审理涉及有限责任公司股东重大分歧案件时，应当注重调解。当事人协商一致以下列方式解决分歧，且不违反法律、行政法规的强制性规定的，人民法院应予支持：①公司回购部分股东股份；②其他股东受让部分股东股份；③他人受让部分股东股份；④公司减资；⑤公司分立；⑥其他能够解决分歧，恢复公司正常经营，避免公司解散的方式。"

练 习 ▶ 判断正误

1. 毛栗子为萱草有限公司的经理，利用职务之便为其妻经营的果仁公司谋取本来属于萱草公司的商业机会，致萱草公司损失 50 万元。萱草公司小股东榛子欲通过诉讼维护公司利益，则榛子必须先书面请求萱草公司监事会对毛栗子提起诉讼。

[答 案] 正确。

2. 萱草有限公司章程规定持股不足 5% 的股东不得查阅公司会计账簿。公司有权以此来拒绝小股东榛子的查账请求。

[答 案] 错误。

3. 东方有限公司主营业务为在线公务员教育考试培训，股东之一王某也在该市成立类似公务员考试网络教育培训公司，二公司竞争激烈。现王某请求查阅东方公司的账簿，但东方公司拒绝。

[答 案] 正确。

4. 股东请求公司分配利润案件，应当列公司和其他股东为共同被告。

[答 案] 错误。

5. 股东王某在提起解散公司诉讼时，可要求法院直接采取财产保全措施。

[答 案] 错误。

考点⑲ ▶ 股东的义务

股东的共同义务	1. 出资义务。 2. 参加股东会会议的义务。 3. 不干涉公司正常经营的义务。 4. 不得滥用股东权利的义务。 5. 利害关系股东表决权的排除。（见下文"公司担保"）
控股股东、实际控制人的特别义务	1. 不得滥用控股股东的地位，损害公司和其他股东的利益。 2. 不得利用其关联关系损害公司利益。 3. 控股股东或实际控制人滥用股东权利或者利用关联关系损害公司或其他股东利益的，应当承担赔偿责任。 4. 履行法定程序不能豁免关联交易赔偿责任。

《公司法解释（五）》第1条第1款规定："关联交易损害公司利益，原告公司依据公司法第21条规定请求控股股东、实际控制人、董事、监事、高级管理人员赔偿所造成的损失，被告仅以该交易已经履行了信息披露、经股东会或者股东大会同意等法律、行政法规或者公司章程规定的程序为由抗辩的，人民法院不予支持。"

第7讲　组织机构之一：股东会（大会）

考点⑳ ▶ 股东会（大会）通知、召集程序

		有限公司	股份公司
召集程序	定期会议	按照章程规定的时间召开。 [第1步] 董事会召集（董事长主持→副董事长主持→推举董事主持）。 [第2步] 监事会/监事→召集和主持。 [第3步] 代表1/10以上表决权的股东→可以自行召集和主持。	略

续表

		有限公司	股份公司
召集程序	临时会议	下列人员可提议召开临时会议： 1. 代表 1/10 以上表决权的股东。 2. 1/3 以上的董事。 3. 监事会或监事。	下列情形之一的，应当在 2 个月内召开临时股东大会： 1. 董事人数不足本法规定人数或者公司章程所定人数的 2/3 时。 2. 公司未弥补的亏损达实收股本总额 1/3 时。 3. 单独或者合计持有公司 10% 以上股份的股东请求时。（此为提议召集权） 4. 董事会认为必要时。 5. 监事会提议召开时。
通知程序		1. 不得对通知中未列明的事项作出决议。 2. 于股东会议召开 15 日以前通知全体股东；但是，章程另有规定或者全体股东另有约定的除外。 3. 股东会应当对所议事项的决定作成会议记录，出席会议的股东应当在会议记录上签名。	1. 不得对通知中未列明的事项作出决议。 2. 股东大会提前 20 日通知；临时股东大会提前 15 日通知。

考点 21 ▶ 股东会（大会）表决规则

	有限公司	股份公司
一般事项	1. 章程优先。 2. 章程无规定时，股东按照出资比例行使表决权。此时，经代表 1/2 以上表决权的股东通过。（一般资本多数决）	1. 出席股东大会会议，所持每一股份有一表决权。但是，公司持有的本公司股份没有表决权。 2. 一般事项决议：经出席会议的股东所持表决权的 1/2 以上通过。（一般资本多数决）
重大事项	1. 重大事项是指：修改章程；增减注册资本；合并、分立、解散；变更公司形式。 2. 上述事项，必须经代表 2/3 以上表决权的股东通过。（绝对资本多数决）	修改公司章程/增加或者减少注册资本/公司合并/分立/解散/变更公司形式：必须经出席会议的股东所持表决权的 2/3 以上通过。（绝对资本多数决）
担保表决	1. 外保（为他人提供担保）：按照章程的规定，由股东会、董事会决议。	
	2. 内保（为本公司股东担保） （1）必须经股东会或者股东大会决议； （2）该项表决由出席会议的其他股东所持表决权的过半数通过。	
投 资	投资的决议，可以按照章程的规定，由董事会或者股东会、股东大会决议。	

考点 22 ▶ 决议效力　　　　　　　　　　有限公司、股份公司规定相同

有效决议	1. 决议内容无瑕疵。 2. 决议程序无瑕疵。
无效决议	1. 含义：决议内容违反法律、行政法规的。 2. 诉讼中，股东、董事、监事可为原告。（被告：公司） 3. 决议被确认无效或者撤销的，公司依据该决议与善意相对人形成的民事法律关系不受影响。
未成立决议	1. 含义 （1）公司未召开会议的； （2）会议未进行表决的； （3）出席会议的人数或者股东所持表决权不合公司法或者不合章程规定的； （4）会议的表决结果未达到规定的通过比例的。 2. 诉讼中，股东、董事、监事可为原告。（被告：公司）
可撤销决议	1. 含义 （1）作出决议的程序违法； （2）作出决议的程序违反章程； （3）决议的内容违反章程； （4）但会议召集程序或者表决方式仅有轻微瑕疵，且对决议未产生实质影响的，不可撤销。 2. 诉讼主体资格 （1）原告需要在起诉时具有股东资格。一审法庭辩论终结前，其他有原告资格的人以相同的诉讼请求申请参加诉讼的，可以列为共同原告。 （2）被告：公司。 （3）对决议涉及的其他利害关系人，可列为第三人。 3. 股东可以自决议作出之日起60日内，请求法院撤销该决议。股东提起诉讼时，法院可以应公司的请求，要求股东提供相应担保。 4. 决议被确认无效或者撤销的，公司依据该决议与善意相对人形成的民事法律关系不受影响。

第❽讲 组织机构之二：董事会、监事会

考点㉓▶ 董、监、高任职资格、义务

> 有限公司、股份公司规定相同

含 义	1. 公司法定代表人，依照章程，可由董事长、执行董事、经理担任。 2. 高管：包括经理、副经理、财务负责人，上市公司董事会秘书。
任职资格	下列人员不得担任公司董、监、高： （小孩疯子贪污犯，无能经理加老赖） 1. 无民事行为能力人、限制民事行为能力人。 2. 贪、贿、挪用、侵占等经济犯罪/因犯罪被剥夺政治权利+执行期满未逾 5 年。 3. 破产清算/被吊销/责令关闭的公司+董事/厂长/经理/法定代表人+个人责任+未逾 3 年。 4. 个人所负数额较大的债务+到期未清偿。
义 务	1. 董/监/高：不违反法律、行政法规和公司章程，则可认定已经尽到忠实和勤勉义务。 2. 董事、高管不得有下列行为：（不含监事，因为监事没有经营权） （1）挪用公司资金； （2）将公司资金以其个人名义或者以其他个人名义开立账户存储； （3）违反公司章程的规定，未经股东会、股东大会或者董事会同意，将公司资金借贷给他人或者以公司财产为他人提供担保； （4）违反公司章程的规定或者未经股东会、股东大会同意，与本公司订立合同或者进行交易； （5）未经股东会或者股东大会同意，利用职务便利为自己或者他人谋取属于公司的商业机会，自营或者为他人经营与所任职公司同类的业务； （6）接受他人与公司交易的佣金归为己有； （7）擅自披露公司秘密。（提示：和劳动者保密义务有区别）
后 果	1. 违反任职资格规定，公司选举、委派、聘任董、监、高无效。 2. 董、监、高在任职期间出现不得担任职务情形的，公司应当解除其职务。 3. 董、高违反特定义务，所得的收入应当归公司所有。 4. 董、监、高执行公司职务时违反法律、行政法规或者公司章程的规定，给公司造成损失的，应当承担赔偿责任。

考点 24 ▶ 组成、任期、会议制度

（一）董事会

	有限公司	股份公司
人　数	设立董事会的，董事会人数为3~13人。	董事会人数为5~19人。
组　成	1. 股东人数较少或者规模较小的有限责任公司，可以设1名执行董事，不设董事会（无董事长）。执行董事可以兼任经理。	董事会是必设机构。
	2. 两个以上的国有企业或者其他两个以上的国有投资主体投资设立的有限责任公司，其董事会成员中应当有公司职工代表。	股份公司可以有职工董事，非必须。
	3. 董事长的产生办法由章程规定。	董事长由董事会以全体董事的过半数选举产生。
任　期	1. 董事每届任期≤3年。董事任期届满，连选可以连任。 2. 董事（监事）任期届满未及时改选，或者董事（监事）在任期内辞职导致董事会（监事会）成员低于法定人数的，在改选出的董事（监事）就任前，原董事（监事）仍应履行董事（监事）职务。（到期+新人到位前=要履职；到期前+低于法定人数+新人到位前=要履职）	
会议规则	1. 董事会决议的表决，实行一人一票。	同　左
	2. 出席会议的董事应当在会议记录上签名。	同　左
	3. 董事会其他的议事方式和表决程序，由公司章程规定。（章定）	1. 应有过半数的董事出席方可举行。董事会作出决议，必须经全体董事的过半数通过。（法定） 2. 董事本人出席；董事因故不能出席，可以书面委托其他董事代为出席，委托书中应载明授权范围。
经　理	1. 经理、副经理、财务负责人由董事会决定聘任或者解聘。 2. 经理属于公司的高级管理人员。	

（二）监事会

	有限公司	股份公司
组　成	1. 股东人数较少和规模较小的有限责任公司，可设1~2名监事，不设立监事会。	监事会是必设机构。
	2. 董事、高级管理人员不得兼任监事。	同　左

续表

	有限公司	股份公司
人 数	监事会≥3人,由股东代表+职工组成。(职工代表≥1/3,具体比例由章程规定)	
任 期	每届任期为3年。监事任期届满,连选可以连任。(监事任期=3年;注意:董事任期≤3年)	
会议规则	略	

考点25 ▶ 职 权

生产经营	1. 股东会:无具体经营权,股东不能直接干涉公司生产经营;决定公司的经营方针和投资计划。 2. 董事会:决定公司的经营计划和投资方案。 3. 经理:主持公司的生产经营管理工作,组织实施公司年度经营计划和投资方案。 4. 监事会:检查公司财务;发现公司经营情况异常,可以进行调查;必要时,可以聘请会计师事务所等协助其工作,费用由公司承担。 5. 监事行使职权所必需的费用,由公司承担。
管理机构	1. 股东会、监事会:均不直接决定公司内部管理机构的设置。 2. 董事会:决定公司内部管理机构的设置。 3. 经理:拟订公司内部管理机构设置方案。
人事权	1. 股东会:选举和更换董事、监事,并决定报酬事项。 2. 董事会:决定聘任或者解聘公司经理及其报酬事项;决定聘任或者解聘公司副经理、财务负责人及其报酬事项。(聘高管) 3. 经理:提请聘任或者解聘公司副经理、财务负责人,决定聘任或者解聘除应由董事会决定聘任或者解聘以外的负责管理人员。(聘中层) 4. 监事会:对董事、高管执行公司职务的行为进行监督;可建议罢免违法违章董事、高管;当董事、高管的行为损害公司的利益时,要求董事、高级管理人员予以纠正;依照《公司法》第151条的规定,对董事、高管提起诉讼。(即股东代表诉讼"请求前置程序")

练习一 ▶ 问 答

1. 2018年萱草公司股东会讨论董事人选。现在董事候选名单中有一人王某,但王某因担任某钢铁企业负责人犯重大责任事故罪判处3年有期徒刑,2017年刑满释放。王某是否可以担任公司董事?

[答案]可担任。(重大责任事故罪并非经济犯罪,不受"执行期满未逾5年不得担任"的限制)

2. 董事候选名单中有一人张三,张三曾担任一家长期经营不善负债累累的纺织厂的厂长,上任仅3个月该纺织厂被宣告破产。张三是否可以担任公司董事?

[答案]可担任。(3个月短短时间难以说明张三对纺织厂的破产"负有个人责任")

3. 董事候选名单中有一人李某，李某与他人共同投资设立甲有限责任公司，持股70%，甲公司因违法被吊销营业执照。李某是否可以担任公司董事？

答案 可担任。（李某是"股东"，并非"董事、厂长、经理、法定代表人"等经营管理人员）

练习二 ▶ 判断正误

1. 王某为甲有限公司总经理，有权决定聘请其好友田某担任甲公司的财务总监。

答案 错误。（"提请聘任"和"决定聘任"不同，就财务总监一职，应当是由董事会决定）

2. 有限公司的总经理享有以公司名义对外签订合同的法定代理权。

答案 错误。（总经理享有"法定代表权"，而非"代理权"）

3. 监事会有权对公司异常经营状况进行调查，必要时聘请会计师事务所，费用由公司承担。

答案 正确。

4. 一旦总经理不称职，可通过股东会决议将其解聘。

答案 错误。（错误为"股东会"，应为"董事会"）

5. 萱草股份公司章程规定董事人数为12人，现在由于辞职等原因，实际董事人数为8人。此时公司需要召开临时股东大会。

答案 错误。（萱草公司不需要召开临时股东大会，因为"不足"不包含本数，也就是少于8人时，才需要召开临时会议。而萱草公司实际董事人数正好等于8人，并非"不足8人"，所以无需召开。）

第 9 讲　公司其他制度

考点 26 ▶ 对赌协议

1. "对赌协议"，是指投资方与融资方在达成股权性融资协议时，制定的包含 股权回购、金钱补偿 等对未来目标公司的估值进行调整的协议。

2. "投资方—（目标公司的）股东/实际控制人"订立的对赌协议

（1）效力：无其他无效事由（根据《民法典》判断），则对赌协议有效。

（2）支持实际履行。

3. "投资方—目标公司"订立的对赌协议

（1）效力：无其他无效事由（根据《民法典》判断），则对赌协议有效。

（2）履行

❶投资方请求目标公司 回购股权 的，法院应当审查是否构成"股东抽逃出资"（《公司法》第35条）或者是否符合股份回购的强制性规定（《公司法》第142条）。

如果目标公司未完成减资程序的，法院应当驳回"回购股权"的诉讼请求。

❷投资方请求目标公司 承担金钱补偿义务 的，法院应当审查是否构成"股东抽逃出资"

（《公司法》第35条）和是否符合"利润分配的强制性规定"（《公司法》第166条）。

若目标公司没有利润或者虽有利润但不足以补偿投资方的，法院应当驳回或部分支持其"承担金钱补偿义务"诉讼请求。今后目标公司有利润时，投资方还可以依据该事实另行提起诉讼。

4. 新冠疫情对"对赌协议"的影响

（1）对于批发零售、住宿餐饮、物流运输、文化旅游等受疫情或者疫情防控措施影响严重的公司或者其股东、实际控制人与投资方因履行"业绩对赌协议"引发的纠纷→引导双方当事人协商变更或者解除合同。

（2）协商不成，按约定的业绩标准或者业绩补偿数额继续履行对一方当事人明显不公平的→根据公平原则变更或者解除合同；合理分配因合同解除造成的损失。

（3）"业绩对赌协议"未明确约定中小股东与控股股东或者实际控制人就业绩补偿承担连带责任→则中小股东不与公司、控制股东或实际控制人共同向投资方承担连带责任。

考点 27 ▶ 一人公司

概　念	一人公司，是指只有1个自然人股东或者1个法人股东的有限责任公司。
再投资	1. 1个自然人只能投资设立1个一人有限责任公司。 2. 该一人有限责任公司不能投资设立新的一人有限责任公司。（一子绝孙）
债务清偿	1. 原则上，一人公司债务由公司责任财产承担，股东仅以认缴出资为限承担有限责任。 2. （例外A）人格混同时（即一人公司的股东，不能证明公司财产独立于股东自己的财产的），应当对公司债务承担连带责任。 3. （例外B）股东出资瑕疵，但尚未出现财产混同等情形时，该股东在未出资本息范围内承担补充赔偿责任。

考点 28 ▶ 上市公司

特殊决议	上市公司在1年内购买、出售重大资产或者担保金额超过公司资产总额30%的，应当由股东大会作出决议，并经出席会议的股东所持表决权的2/3以上通过。
董事回避	1. 上市公司董事与董事会会议决议事项所涉及的企业有关联关系的，不得对该项决议行使表决权，也不得代理其他董事行使表决权。 2. 该董事会会议由过半数的无关联关系董事出席即可举行，董事会会议所作决议须经无关联关系董事过半数通过。 3. 出席董事会的无关联关系董事人数不足3人的，应将该事项提交上市公司股东大会审议。
独立董事	1. 董事会成员中应当至少包括1/3的独立董事，其中至少包括1名会计专业人士。 2. 原则最多在5家上市公司兼任独董。 3. 连续3次不到会可撤换。

考点 ㉙ ▶ 公司的利润分配、公积金

利润分配	1. 顺序法定 （1）补亏→税→公积金→向股东分配利润； （2）补亏时：弥补连续，先亏先补。（公司的法定公积金不足以弥补以前年度亏损的，在依照前款规定提取法定公积金之前，应当先用当年利润弥补亏损）
	2. 违反上述顺序分配→决议无效；利润退还公司。
	3. 具体分配比例：有约定按约定，无约定按实缴出资比例分配。
公积金	**法定公积金**　1. 当年税后利润的 10% 列入法定公积金。 2. 法定公积金累计额为公司注册资本的50%以上的，可以不再提取。 3. 法定公积金转为资本时，所留存的该项公积金不得少于转增前公司注册资本的25%。（对任意公积金的转增数额没有限制）
	任意公积金　是否提取，以及提取比例，均交由公司经股东会（股东大会）决议。
	资本公积金　1. 发行股份的溢价款等，列为公司资本公积金。 2. 资本公积金不得用于弥补公司的亏损。
	公积金三用途　1. 补亏；扩产；增资。 2. 注意：资本公积金不得补亏。

考点 ㉚ ▶ 合并、分立

共同规定	1. 合并、分立：均需股东会（大会）2/3 以上表决权通过。 2. 二者均编制资产负债表及财产清单，不进行法定清算。 3. 二者均要通知、公告债权人。（公司应当自作出合并、分立决议之日起 10 日内通知债权人，并于 30 日内在报纸上公告）
合　并	1. 合并程序中，债权人自接到通知书之日起 30 日内，未接到通知书的自公告之日起 45 日内，可以要求公司清偿债务或者提供相应的担保。但是，分立程序，债权人无上述权利。 2. 合并→合并各方的债权、债务由合并后存续的公司或者新设的公司承继。
分　立	1. 分立程序，债权人无权要求公司清偿债务或者提供相应的担保的权利。 2. 公司分立前的债务由分立后的公司承担连带责任。但是，公司在分立前与债权人就债务清偿达成的书面协议另有约定的除外。

考点 ③1 ▶ 清算程序

指定清算	有下列情形之一，债权人可申请法院指定清算组进行清算： 1. 公司解散逾期不成立清算组进行清算的。 2. 虽成立清算组但故意拖延清算的。 3. 违法清算可能严重损害债权人或者股东利益的。（此情况，债权人/股东可申请法院指定清算）
清算组成员	1. 公司股东、董监高。（有限公司的清算组由股东组成；股份公司的清算组由董事或者股东大会确定的人员组成） 2. 中介机构。（如律所、会计师事务所） 3. 个人。（律师等）
诉 讼	1. 企业法人解散，依法清算并注销前，以该企业法人为当事人。 2. 未依法清算即被注销，以该企业法人的股东、发起人或者出资人为当事人。 3. 公司成立清算组的，由清算组负责人代表公司参加诉讼。 4. 尚未成立清算组的，由原法定代表人代表公司参加诉讼。
清算方案生效	1. 自行清算，清算方案报股东会（大会）决议确认。 2. 法院组织清算，清算方案报法院确认。 3. 未经确认的清算方案，清算组不得执行。
禁止行为	1. 在申报债权期间，清算组不得对债权人进行清偿。 2. 清算期间，公司存续但不得开展与清算无关的经营活动。 3. 禁止违反顺序分配：公司财产在未清偿公司债务前，不得分配给股东。（股权滞后于债权；职工工资→税→债→股）

第2章　合伙企业法

第⑩讲　设立制度

考点㉜ ▶ 设立要素

	普通合伙企业	有限合伙企业
合伙人	1. 有2个以上合伙人。 2. 自然人、法人、其他组织均可设立普通合伙企业和有限合伙企业。 3. 无民事行为能力人和限制民事行为能力人不能成为普通合伙人。 4. 国有独资公司、国有企业、上市公司以及公益性的事业单位、社会团体不得成为普通合伙人。 （但可成为有限合伙人）	1. 由2~50个合伙人设立；但是，法律另有规定的除外。 2. 至少有1个普通合伙人和1个有限合伙人。（1+1） 3. 国有独资公司、国有企业、上市公司以及公益性的事业单位、社会团体可以成为有限合伙人。
出　资	（普通合伙人出资"三无"：无数额、无形式、无期限） 1. 普通合伙人可以用货币、实物、知识产权、土地使用权或者其他财产权利出资，也可以用劳务出资。 2. 评估无限制。（可以协商评估） 3. 出资违约的责任：未按期足额缴纳的，应当承担补缴义务，并对其他合伙人承担违约责任。	1. 有限合伙人不得以劳务出资。（其余和普通合伙企业相同） 2. 对有限合伙企业中的普通合伙人，出资无限制。 3. 有限合伙人未按期足额缴纳的，应当承担补缴义务，并对其他合伙人承担违约责任。（和普通合伙人相同）
名　称	1. 应当标明"普通合伙""有限合伙""特殊普通合伙"字样。 2. 可以使用投资人姓名作字号。 3. 可以在其企业名称中使用"公司"字样。	

考点 33 ▶ 合伙协议

合伙协议	合伙协议经全体合伙人签名盖章后生效。（并非登记生效）
不得由协议约定的事项	1. 有限合伙人，不执行合伙事务，不得对外代表有限合伙企业。 2. 有限合伙人，不得以劳务出资。 3. 有限合伙人，以其认缴的出资额为限承担责任。 4. 有限合伙企业，至少应当有1个普通合伙人。 5. 普通合伙人，不得与企业同业竞争。 6. 国独、国企、上市公司等，不得成为普通合伙人。 7. 普通合伙人，对合伙企业债务承担无限连带责任。 8. 普通合伙人，不得约定将全部利润、全部亏损由部分合伙人分享分担。
合伙协议约定优先的事项 （考试相关）	1. 有限合伙人，财产份额出质自由，但协议可另约定。（可禁） 2. 有限合伙人，"自我交易"自由，但协议可另约定。（可禁） 3. 有限合伙人，"竞业经营"自由，但协议可另约定。（可禁） 4. 有限合伙企业，不得将全部利润分配给部分合伙人，但协议可另约定。 5. 新合伙人入伙，全体一致同意+书面入伙协议，但合伙协议可另约定。 6. 合伙人之间转变，全体合伙人一致同意，但协议可另约定。（可不经过一致同意） 7. 普通合伙人，不得"自我交易"，但协议可另约定。 8. 普通合伙人对外转让财产份额时，须经其他合伙人一致同意，其他合伙人有优先购买权，但合伙协议可另约定。 9. 普通合伙人实行全票决事项（三改三卖），协议可另约定。

练 习 ▶ 判断正误

1. 榛子等人打算设立一家普通合伙企业。合伙协议经全体合伙人签名、盖章后登记生效。

[答案] 错误。（合伙协议生效不以登记为要件）

2. 萱草合伙企业经全体合伙人会议决定，委托赵执行合伙事务。另两个合伙人孙、李仍享有一定的执行合伙事务的权限。

[答案] 错误。

3. 设立普通合伙企业时，合伙人可以自有房屋使用权作为出资。

[答案] 正确。

4. 糖栗子提议将自己的名字"栗子"作为合伙企业的字号。

[答案] 正确。

5. 有限合伙人的财产份额被强制执行时，其他合伙人无优先购买权。

[答案] 错误。

6. 普通合伙人转变为有限合伙人，对于转变为有限合伙人以前的合伙企业债务，经各合伙人决议可不承担无限连带责任。

答 案 错误。

7. 普通合伙人草草移民海外打算自甲合伙企业中退出。因其退伙，该合伙企业须进行清算。

答 案 错误。（应当是进行结算）

8. 王猛为某企业唯一的有限合伙人，2019 年 1 月王猛因车祸成为植物人。因唯一的有限合伙人已成为植物人，故该有限合伙企业应转为普通合伙企业。

答 案 错误。（有限合伙人不要求是完全行为能力人，无需转）

第 11 讲　财产份额

考 点 34 ▶ 转让、出质、强制执行

	普通合伙企业	有限合伙企业
内部转让	合伙人之间转让：通知。	无限制。
对外转让	1. 对外转让财产份额：一致同意。 2. 在同等条件下，其他合伙人有优先购买权。 3. 合伙协议可另有约定。	1. 对外转让财产份额：提前 30 日通知。 2. 其他合伙人无优先购买权。
出　　质	（普通合伙人）财产份额出质的：须经其他合伙人一致同意。未经一致同意，其出质行为无效。行为人赔偿善意第三人的损失。	无限制。（有限合伙人可以将其在有限合伙企业中的财产份额出质）
强制执行	财产份额被强制执行时→其他合伙人有优先购买权。	财产份额被强制执行时→其他合伙人有优先购买权。

考 点 35 ▶ 优先购买权

有限责任公司	普通合伙人	有限合伙人
股东之间转让股权→其他股东无优先购买权	合伙人之间转让财产份额→其他合伙人无优先购买权	合伙人之间转让财产份额→其他合伙人无优先购买权
股东向股东之外的人转让股权→其他股东有优先购买权	向合伙人之外的人转让财产额→其他合伙人有优先购买权	向合伙人之外的人转让财产份额→其他合伙人没有优先购买权（提前 30 日通知其他合伙人）
股权被强制执行时→其他股东有优先购买权	财产份额被强制执行时→其他合伙人有优先购买权	财产份额被强制执行时→其他合伙人有优先购买权

第⑫讲　事务执行、决议规则

考点㊱▶ 事务执行规则

	普通合伙企业	有限合伙企业
事务执行人	1. 普通合伙人对执行合伙事务享有同等的权利。 2. 执行人对外代表合伙企业。 3. 确定了执行人的，其他合伙人不再执行合伙事务；但非执行人以企业名义签订的合同有效。 4. 合伙企业对合伙人执行合伙事务以及对外代表合伙企业权利的限制，不得对抗善意第三人。	1. 普通合伙人执行合伙事务。 2. 有限合伙人不执行合伙事务，不得对外代表有限合伙企业。 3. 第三人有理由相信有限合伙人为普通合伙人并与其交易的，该有限合伙人对该笔交易承担与普通合伙人同样的责任。（表见普通合伙） 4. 有限合伙人未经授权以有限合伙企业名义与他人进行交易，给有限合伙企业或者其他合伙人造成损失的，该有限合伙人应当承担赔偿责任。
自我交易、同业竞争	1. 普通合伙人自我交易限制（除协议另有约定或一致同意外）。 2. 普通合伙人禁止和企业同业竞争。	1. 有限合伙人可以同本企业进行交易（但协议另有约定除外）。 2. 有限合伙人可以同业竞争（但协议另有约定除外）。
经营管理人	1. 普通合伙人可以成为经营管理人；聘任合伙人以外的人担任合伙企业的经营管理人员→需一致同意。 2. 被聘任的合伙企业的经营管理人员，超越合伙企业授权范围履行职务，或者在履行职务过程中因故意或者重大过失给合伙企业造成损失的，依法承担赔偿责任。	无
执行方式	共同执行；单独执行；委托执行。	无

考点㊲▶ 利润分配、亏损承担

普通合伙企业	利润	合伙协议不得约定将全部利润分配给部分合伙人。（基于普通合伙人"共享利润共担风险"）
	亏损	合伙协议不得约定由部分合伙人承担全部亏损。

续表

有限合伙企业	利润	有限合伙企业不得将全部利润分配给部分合伙人；但是，合伙协议另有约定的除外。（该规定说明：有限合伙协议约定"全部利润分配给部分合伙人"是有效的；《合伙企业法》第69条）
	亏损	合伙协议不得约定由部分合伙人承担全部亏损。

考点 38 ▶ 合伙人的权利

普通合伙人	监督权	非执行人有权监督执行事务合伙人执行合伙事务的情况。
	查阅权	合伙人为了了解合伙企业的经营状况和财务状况，有权查阅合伙企业会计账簿等财务资料。
	撤销权	受委托执行合伙事务的合伙人不按照合伙协议或者全体合伙人的决定执行事务的，其他合伙人可以决定撤销该委托。
	异议权	分别执行的，执行事务合伙人可以对其他合伙人执行的事务提出异议。（执行人有此权）
	全票决事项	除合伙协议另有约定外，合伙企业的下列事项应当经全体合伙人一致同意： 1. 改变合伙企业的名称。 2. 改变合伙企业的经营范围、主要经营场所的地点。 3. 处分合伙企业的不动产。 4. 转让或者处分合伙企业的知识产权和其他财产权利。 5. 以合伙企业名义为他人提供担保。 6. 聘任合伙人以外的人担任合伙企业的经营管理人员。 （记忆：三改三卖：改名改地改范围；卖房卖人卖担保；协议可另有约定）
有限合伙人	人事权	可参与决定普通合伙人入伙、退伙。
	经营建议权	1. 对企业的经营管理提出建议。 2. 参与选择承办有限合伙企业审计业务的会计师事务所。 3. 依法为本企业提供担保。
	查阅权	1. 对涉及自身利益的情况，可查阅企业财务会计账簿等财务资料。 2. 获取经审计的有限合伙企业财务会计报告。
	诉讼	执行事务的合伙人怠于行使权利时： 1. 在有限合伙企业中的利益受到侵害时，向有责任的合伙人主张权利或者提起诉讼。 2. 有限合伙人可督促其行使权利。 3. 或者为了本企业的利益以自己的名义提起诉讼。

练 习 ▶ 选 择

1. 兰艺咖啡店是罗飞、王曼设立的普通合伙企业，合伙协议约定罗飞是合伙事务执行人且承担全部亏损。为扭转经营亏损局面，王曼将兰艺咖啡店加盟某知名品牌，并以合伙企业的名义向陈阳借款 20 万元支付了加盟费。陈阳现在要求还款。关于本案，下列哪一说法是正确的？（2016/3/30）

　　A. 王曼无权以合伙企业的名义向陈阳借款
　　B. 兰艺咖啡店应以全部财产对陈阳承担还款责任
　　C. 王曼不承担对陈阳的还款责任
　　D. 兰艺咖啡店、王曼和罗飞对陈阳的借款承担无限连带责任
　　答案 B

2. 通源商务中心为一家普通合伙企业，合伙人为赵某、钱某、孙某、李某、周某。就合伙事务的执行，合伙协议约定由赵某、钱某二人负责。下列哪些表述是正确的？（2014/3/73）

　　A. 孙某仍有权以合伙企业的名义对外签订合同
　　B. 对赵某、钱某的业务执行行为，李某享有监督权
　　C. 对赵某、钱某的业务执行行为，周某享有异议权
　　D. 赵某以合伙企业名义对外签订合同时，钱某享有异议权
　　答案 BD

第⑬讲　合伙企业与第三人的关系

考点 ㊟ ▶ 与善意第三人的关系

与善意第三人的关系 （均只针对普通合伙人，因有限合伙人无执行权）	1. 合伙企业对合伙人执行合伙事务以及对外代表合伙企业权利的限制，不得对抗善意第三人。（内部限制不对外） 2. 第三人善意时，事务执行人擅自执行合伙事务的民事行为对外是有效的，其他合伙人亦应为此对外承担法律责任。 3. 合伙人在合伙企业清算前私自转移或者处分合伙企业财产的，合伙企业不得以此对抗善意第三人。

考点 ㊵ ▶ 债务清偿规则

	普通合伙人	有限合伙人
合伙企业债务的清偿规则	1. 合伙企业注销/被宣告破产后，原普通合伙人对合伙企业存续期间的债务仍应承担无限连带责任。	1. 无需担责。

续表

	普通合伙人	有限合伙人
合伙企业债务的清偿规则	2. 合伙企业不能清偿到期债务的： （1）普通合伙人承担无限连带责任； （2）债权人可向法院提出破产清算申请，也可以要求普通合伙人清偿。	2. 合伙企业不能清偿到期债务的： （1）有限合伙人以其认缴的出资额为限对合伙企业债务承担责任； （2）"表见普通合伙"情形：该有限合伙人＋普通合伙人，承担连带责任。
合伙人个人债务	1.（普通）合伙人发生与合伙企业无关的债务，相关债权人不得以其债权抵销其对合伙企业的债务；也不得代位行使合伙人在合伙企业中的权利。（禁抵销禁代位）	1. 本法无明确规定。笔者认为可比照"普通合伙人"处理。（禁抵销禁代位）
	2. 该合伙人可以以其从合伙企业中分取的收益用于清偿。	2. 有限合伙人的自有财产不足以清偿其与合伙企业无关的债务的，该合伙人可以以其从有限合伙企业中分取的收益用于清偿。
	3. 债权人也可以依法请求法院强制执行该合伙人在合伙企业中的财产份额用于清偿。 （1）法院强制执行合伙人的财产份额时，应当通知全体合伙人，其他合伙人有优先购买权； （2）其他合伙人未购买，又不同意将该财产份额转让给他人的→为该合伙人办理退伙结算，或者办理削减合伙人相应财产份额的结算。	3. 债权人也可以依法请求法院强制执行该合伙人在有限合伙企业中的财产份额用于清偿。 法院强制执行有限合伙人的财产份额时，应当通知全体合伙人。在同等条件下，其他合伙人有优先购买权。

第14讲　入伙、退伙、合伙人转换

考点41 ▶ 入伙、退伙

	普通合伙人	有限合伙人
入伙程序	约定优先＋书面一致同意	
自愿退伙	1. 约定合伙期限时： （1）协议约定的退伙事由出现； （2）全体合伙人一致同意退伙； （3）发生难以继续参加合伙的事由； （4）其他合伙人严重违反合伙协议约定的义务。	

续表

	普通合伙人	有限合伙人
自愿退伙	2. 未约定合伙期限时：不给事务执行造成不利影响，提前 30 日通知→可退伙。	无 （有限合伙人无事务执行权）
当然退伙 （退伙事由实际发生之日为退伙生效日）	1. 普通合伙人死亡 （1）其继承人享有合法继承权+合伙协议有约定（或一致同意），合伙人资格可转承； （2）继承人为无民事行为能力人或者限制民事行为能力人的→或转或退。	1. 有限合伙人死亡，继承人可以直接继承资格。
	2. 个人丧失偿债能力→当退。	2. 不得退伙。
	3. 作为合伙人的法人或者其他组织依法被吊销营业执照，责令关闭、撤销，或者被宣告破产。	
	4. 法律规定或者合伙协议约定合伙人必须具有相关资格而丧失该资格。	
	5. 合伙人在合伙企业中的全部财产份额被法院强制执行。	
除名退伙 （接到通知日为退伙生效日）	1. 未履行出资义务。 2. 因故意或者重大过失给合伙企业造成损失。 3. 执行合伙事务时有不正当行为。 4. 发生合伙协议约定的事由。（被除名人接到除名通知之日，除名生效，被除名人退伙）	无
丧失行为能力	合伙人被依法认定为无民事行为能力人或者限制民事行为能力人的→或转（有限合伙人）或退。	有限合伙人丧失行为能力，不得要求其退伙。
债务承担	普通合伙人退伙→对基于其退伙前的原因发生的合伙企业债务，承担无限连带责任。	有限合伙人→以退伙时+从企业中取回的财产承担责任。
	普通合伙人入伙→对入伙前合伙企业的债务承担无限连带责任。	有限合伙人→以其认缴的出资额为限承担责任。
退伙后果	1. 按照退伙时的企业财产状况进行结算。 2. 有未了结的合伙企业事务的，可以待该事务了结后再结算。 3. 退还办法：退钱或退物。	

考点 42 ▶ 合伙人之间转换

原　　则	合伙人之间转换：一致同意。
有合→普合	有限合伙人转变为普通合伙人的，对其作为有限合伙人期间有限合伙企业发生的债务承担无限连带责任。（轻→重）

续表

普合→有合	普通合伙人转变为有限合伙人的，对其作为普通合伙人期间合伙企业发生的债务承担无限连带责任。（重→轻）
普合疯	或转或退。（转为有限合伙人）
解散或转普合	1. 有限合伙企业仅剩有限合伙人的，应当解散。 2. 有限合伙企业仅剩普通合伙人的，转为普通合伙企业。

第⑮讲　特殊普通合伙企业

考点 43 ▶ 特殊普合的特殊规则

定性	1. 专业知识技能+有偿专业服务机构=特殊普合。 2. 该类企业名称中标明"特殊普通合伙"字样，以区别于普通合伙企业。
债务清偿	1. 首先，以合伙企业财产承担。即，合伙人执业活动中因故意或者重大过失造成的合伙企业债务，以合伙企业财产对外承担责任后，该合伙人应当按照合伙协议的约定对给合伙企业造成的损失承担赔偿责任。（此为内部责任，非对债权人的责任）
	2. 合伙企业财产不足清偿的债务部分，合伙人按照下列规则承担责任。 ［规则1］一个合伙人或者数个合伙人在执业活动中因故意或者重大过失造成合伙企业债务的，应当承担无限责任或者无限连带责任，其他合伙人以其在合伙企业中的财产份额为限承担责任。 ［规则2］合伙人在执业活动中非因故意或者重大过失造成的合伙企业债务以及合伙企业的其他债务，由全体合伙人承担无限连带责任。（此和一般普通合伙企业完全相同）

第3章　其他商事主体法

第⑯讲　个人独资企业法具体法律制度

考点㊹▶ 个人独资企业的设立、责任承担、事务管理

设　　立	1. 投资人只能是1个自然人，并有完全民事行为能力。法律、行政法规禁止从事营利性活动的人，不得作为投资人申请设立个人独资企业。如法官、检察官、人民警察、其他国家公务员。 2. 有合法的企业名称。"个人独资企业的名称中不得使用'有限'、'有限责任'或者'公司'字样。"（此和"合伙企业"名称规定不同）
责任承担	1. 投资人对个人独资企业债务承担无限责任。 2. 投资人在申请企业设立登记时明确以其家庭共有财产作为个人出资的，应当依法以家庭共有财产对企业债务承担无限责任。 3. 分支机构的民事责任，由设立该分支机构的个人独资企业承担。 4. 企业解散后，原投资人对个人独资企业存续期间的债务仍应承担偿还责任，但债权人在5年内未向债务人提出偿债请求的，该责任消灭。
企业事务管理	1. 投资人可以自行管理企业事务，也可以委托或者聘用其他具有民事行为能力的人负责企业的事务管理。 2. 受托人或者被聘用的人员应按照与投资人签订的合同负责个人独资企业的事务管理。 3. 投资人对受托人或者被聘用的人员职权的限制，不得对抗善意第三人。 4. 禁止受托人、被聘用人从事下列行为：①索贿受贿；②侵占；③挪用；④泄露商业秘密。（禁4种非法行为） 5. 未经投资人同意，受托人、被聘用人不得从事下列行为：①将企业资金以个人名义储存；②以企业财产提供担保；③同业竞争；④自我交易；⑤将企业商标等知识产权转让。（禁5种擅自行为）

练习▶ 判断正误

1. 合伙企业与个人独资企业二者的投资人都只能是自然人。
答案 错误。

2. 个人独资企业的投资人对受托人、被聘用人的职权限制只对内不对外，不得对抗第三人。

[答案] 错误。(不得对抗善意第三人)

3. 榛子设立个人独资企业，他需要对企业债务承担无限连带责任。

[答案] 错误。(应当是"无限责任")

第17讲　外商投资法具体法律制度

考点 45 ▶ 外商投资促进、保护、管理规则

外商投资种类	1. 外国投资者单独或者与其他投资者共同在中国境内设立外商投资企业。 2. 外国投资者取得中国境内企业的股份、股权、财产份额或者其他类似权益。 3. 外国投资者单独或者与其他投资者共同在中国境内投资新建项目。 4. 法律、行政法规或者国务院规定的其他方式的投资。
准入前国民待遇	1. 是指在投资准入阶段给予外国投资者及其投资不低于本国投资者及其投资的待遇。 2. 中国缔结或者参加的国际条约、协定对外国投资者准入待遇有更优惠规定的，可以按照相关规定执行。
投资促进	1. 国家根据国民经济和社会发展需要，鼓励和引导外国投资者在特定行业、领域、地区投资。 2. 外国投资者、外商投资企业可以依照法律、行政法规或者国务院的规定享受优惠待遇。 3. 国家制定的强制性标准平等适用于外商投资企业。 4. 国家保障外商投资企业依法通过公平竞争参与政府采购活动。政府采购依法对外商投资企业在中国境内生产的产品、提供的服务平等对待。 5. 外商投资企业可以依法通过公开发行股票、公司债券等证券和其他方式进行融资。
投资保护	1. 国家对外国投资者的投资不实行征收。在特殊情况下，国家为了公共利益的需要，可以依照法律规定对外国投资者的投资实行征收或者征用。征收、征用应当依照法定程序进行，并及时给予公平、合理的补偿。 2. 外国投资者在中国境内的出资、利润……所得等，可以依法以人民币或者外汇自由汇入、汇出。 3. 国家保护外国投资者和外商投资企业的知识产权。 4. 行政机关及其工作人员不得利用行政手段强制转让技术。 5. 行政机关及其工作人员对于履行职责过程中知悉的外国投资者、外商投资企业的商业秘密，应当依法予以保密，不得泄露或者非法向他人提供。 6. 各级人民政府及其有关部门制定涉及外商投资的规范性文件，应当符合法律法规的规定；没有法律、行政法规依据的，不得减损外商投资企业的合法权益或者增加其义务，不得设置市场准入和退出条件，不得干预外商投资企业的正常生产经营活动。

续表

投资保护	7. 各级人民政府及其有关部门应当履行向外国投资者、外商投资企业依法作出的政策承诺以及依法订立的各类合同。因国家利益、社会公共利益需要改变政策承诺、合同约定的，应当依照法定权限和程序进行，并依法对外国投资者、外商投资企业因此受到的损失予以补偿。		
投资管理	对负面清单的管理	概念	负面清单，是指国家规定在特定领域对外商投资实施的准入特别管理措施。负面清单由国务院发布或者批准发布。
		禁止	外商投资准入负面清单规定禁止投资的领域，外国投资者不得投资。（由有关主管部门责令停止投资活动，限期处分股份、资产或者采取其他必要措施，恢复到实施投资前的状态；有违法所得的，没收违法所得）
		限制	外商投资准入负面清单规定限制投资的领域，外国投资者进行投资应当符合负面清单规定的条件。（由有关主管部门责令限期改正，采取必要措施满足准入特别管理措施的要求；逾期不改正的，依照禁止投资的相关规定处理）
		允许	外商投资准入负面清单以外的领域，按照内外资一致的原则实施管理。（即国家对负面清单之外的外商投资，给予国民待遇）
	报告		国家建立外商投资信息报告制度。 1. 外国投资者或者外商投资企业应当通过企业登记系统以及企业信用信息公示系统向商务主管部门报送投资信息。 2. 外商投资信息报告的内容和范围按照确有必要的原则确定；通过部门信息共享能够获得的投资信息，不得再行要求报送。
	审核审查		1. 有关主管部门应当按照与内资一致的条件和程序，审核外国投资者的许可申请，法律、行政法规另有规定的除外。 2. 国家建立外商投资安全审查制度，对影响或者可能影响国家安全的外商投资进行安全审查。依法作出的安全审查决定为最终决定。
	活动准则		1. 外商投资企业的组织形式、组织机构及其活动准则，适用《公司法》《合伙企业法》等法律的规定。 2. 外国投资者并购中国境内企业或者以其他方式参与经营者集中的，应当依照《反垄断法》的规定接受经营者集中审查。

第 4 章　破产法

第 18 讲　破产案件的申请和受理

考点 46 ▶ 破产原因、破产申请人

破产原因	法院支持的申请破产的理由	1. 不能清偿到期债务+资不抵债：可申请重整；和解；清算。（3 选 1）
		2. 不能清偿到期债务+明显缺乏清偿能力：可申请重整；和解；清算。（3 选 1）
		3. 债务人账面资产虽大于负债，但存在下列情形之一的，应当认定其明显缺乏清偿能力： （1）因资金严重不足或者财产不能变现等原因，无法清偿债务； （2）法定代表人下落不明且无其他人员负责管理财产，无法清偿债务； （3）经人民法院强制执行，无法清偿债务； （4）长期亏损且经营扭亏困难，无法清偿债务； （5）导致债务人丧失清偿能力的其他情形。
		4. 有明显丧失清偿能力的可能：仅可申请重整。
	不支持的异议理由	1. 相关当事人以对债务人的债务负有连带责任的人未丧失清偿能力为由，不得主张债务人不具备破产原因。 2. 以申请人未预先交纳诉讼费用为由，不得对破产申请提出异议。 3. 以债务人未提交相关财务材料为由，法院不得拒绝受理破产申请。
	疫情影响	1. 疫情爆发前经营状况良好，因疫情或者疫情防控措施影响而无法清偿到期债务的企业→结合企业持续经营能力、所在行业的发展前景等因素全面判定。（而非简单依据特定时期的企业资金流和资产负债情况） 2. 疫情爆发前已经陷入困境，因疫情或者疫情防控措施导致生产经营进一步恶化，确已具备破产原因的企业→及时受理破产申请。

右上角：续表

破产申请人	债务人	1. 前提：出现破产原因。 2. 可提出：重整、和解、破产清算申请。（3 选 1）
	债权人	1. 前提：债务人不能清偿到期债务。（债权人须提交债务人不能清偿到期债务的有关证据） 2. 债权人可提出：重整、破产清算申请。（2 选 1） 3. 债权人提出申请的时间→5 通 7 异 10 裁定；特情上批延 15。
	出资人	1. 前提：债权人申请对债务人进行破产清算；出资额占债务人注册资本 1/10 以上的出资人。 2. 时间：在受理破产申请后、宣告债务人破产前。 3. 可提出："清算转重整申请"。
	清算人	已解散但未清算或者未清算完毕，资产不足以清偿债务的→清算人可提出破产清算申请。

考点 47 ▶ 破产受理引起的程序衔接

执行中止，财产清算	1. 法院受理破产申请后，有关债务人财产的执行程序应当中止。 2. 此前债务人尚未支付的+公司强制清算费用/未终结的执行程序中产生的评估费、公告费、保管费等执行费用→破产费用。 3. 受理破产申请前，债务人尚未支付的案件受理费、执行申请费→破产债权。
保全措施解除	有关债务人财产的保全措施（查封、扣押、冻结）应当解除。
诉讼仲裁中止	1. 破产程序开始后，有关债务人的民事诉讼，只能向受理破产申请的法院提起。 2. 已经开始而尚未终结的有关债务人的民事诉讼或者仲裁应当中止；在管理人接管债务人的财产后，该诉讼或者仲裁继续进行。
债权异议	1. 当事人在破产申请受理前订立有仲裁条款（仲裁协议）→应当向选定的仲裁机构申请确认债权债务关系。（依据仲裁） 2. 债权异议人应当在债权人会议核查结束后 15 日内向法院提起债权确认的诉讼。（无仲裁，则诉讼）
合同	【管理人决定】对破产申请受理前成立而债务人和对方当事人均未履行完毕的合同，管理人有权决定解除或者继续履行，并通知对方当事人。

合同	履行	管理人决定继续履行合同的，对方当事人应当履行。
	解除	有下列情形之一，视为解除合同： （1）管理人自破产申请受理之日起 2 个月内未通知对方当事人； （2）或者自收到对方当事人催告之日起 30 日内未答复的； （3）管理人决定继续履行合同的，对方当事人有权要求管理人提供担保，管理人不提供担保。

练 习 ▶ 判断正误

1. 债权人萱草公司对债务人萱萱公司提出破产申请。如萱萱公司对萱草公司所负债务存在连带保证人,则其可以该保证人具有清偿能力为由,主张萱萱公司不具备破产原因。

答案 错误。

2. 2013 年 3 月,债权人萱草公司对债务人萱萱公司提出破产申请。萱草公司应提交萱萱公司资产不足以清偿全部债务的证据。

答案 错误。(债权人无法提交债务人内部经营情况是否"资不抵债"的证据)

第⑲讲　破产管理人、债权人会议

考点⑱ ▶ 职权、关系

债权人会议-职权	可自己行使,可委托债权人委员会行使	1. 申请法院更换管理人,审查管理人的费用和报酬。 2. 监督管理人。 3. 决定继续或者停止债务人的营业。 4. 强调:债权人会议不得作出概括性授权,委托债权人委员会行使债权人会议所有职权。
	仅可由债权人会议行使的职权	1. 核查债权。 2. 选任和更换债权人委员会成员。 3. 通过重整计划。 4. 通过和解协议。 5. 通过债务人财产的管理方案。 6. 通过破产财产的变价方案。 7. 通过破产财产的分配方案。 8. 人民法院认为应当由债权人会议行使的其他职权。
债权人委员会-职权	自有职权	1. 监督债务人财产的管理和处分。 2. 监督破产财产分配。 3. 提议召开债权人会议。
	受托职权	1. 申请法院更换管理人,审查管理人的费用和报酬。 2. 监督管理人。 3. 决定继续或者停止债务人的营业。

续表

管理人 －职权	财产权	1. 接管债务人的财产、印章和账簿、文书等资料。 2. 调查债务人财产状况，制作财产状况报告。 3. 管理和处分债务人的财产。
	经营权	1. 决定债务人的内部管理事务。 2. 决定债务人的日常开支和其他必要开支。 3. 在第一次债权人会议召开之前，决定继续或者停止债务人的营业。 （例如，在新冠疫情期间，债务人企业具有继续经营的能力或者具备生产经营防疫物资的条件，管理人可决定继续债务人的营业）
	诉权	代表债务人参加诉讼、仲裁或者其他法律程序。
关系		1. 管理人、债权人委员会可提议召开债权人会议。
		2. 管理人拟进行对债权人利益有重大影响的财产处分行为的： （1）应当及时报告债权人委员会；（未设立债权人委员会的，管理人应当及时报告法院） （2）应当事先制作财产管理或者变价方案并提交债权人会议进行表决，债权人会议表决未通过的，管理人不得处分。
		3. 债权人会议（或债权人委员会）： （1）可申请法院更换管理人，审查管理人的费用和报酬。 （2）监督管理人：债权人委员会认为管理人实施的处分行为不符合债权人会议通过的财产管理或变价方案的，有权要求管理人纠正。管理人拒绝纠正的，债权人委员会可以请求法院作出决定。

考点 49 ▶ 债权人会议的表决

一般决议	债权人会议的决议，由出席会议的有表决权的债权人过半数通过，并且其所代表的债权额占无财产担保债权总额的1/2以上。但是，本法另有规定的除外。
重整	出席会议的同一表决组的债权人过半数同意重整计划草案，并且其所代表的债权额占该组债权总额的2/3以上的，即为该组通过重整计划草案。
和解	债权人会议通过和解协议的决议，由出席会议的有表决权的债权人过半数同意，并且其所代表的债权额占无财产担保债权总额的2/3以上。

练习 ▶ 判断正误

1. 法院指定甲律师事务所为某破产企业管理人，甲律师事务所有权因担任管理人而获得报酬。

[答案] 正确。

2. 萱草公司因不能清偿到期债务，被债权人百草公司申请破产，法院指定甲律师事务所为管理人。如甲律师事务所不能胜任职务，债权人会议有权罢免其管理人资格。

[答 案]错误。（债权人会议"申请法院更换"）

3. 在某公司破产案件中，债权人会议经出席会议的有表决权的债权人过半数通过，并且其所代表的债权额占无财产担保债权总额的 60%，该会议形成通过债务人财产的管理方案的决议，该决议的形成符合法律规定。

[答 案]正确。（财产管理方案，只需占无财产担保债权总额的 1/2 以上通过）

第⑳讲　破产费用、共益债务、破产债权

考点⑤⓪▶ 破产费用、共益债务

> 受理破产前，债务人尚未支付的案件受理费、执行申请费，可以作为破产债权清偿

破产费用	受理后	1. 破产案件的诉讼费用。 2. 管理、变价和分配债务人财产的费用。 3. 管理人执行职务的费用、报酬和聘用工作人员的费用。
	受理前	受理破产申请的，此前债务人尚未支付的公司强制清算费用、未终结的执行程序中产生的评估费、公告费、保管费等执行费用，可以参照破产费用的规定，由债务人财产随时清偿。
共益债务		1. 合同之债，即因管理人/债务人请求对方当事人履行双方均未履行完毕的合同所产生的债务。 2. 无因管理之债，即债务人财产受无因管理所产生的债务。 3. 不当得利之债，即因债务人不当得利所产生的债务。 4. 为债务人继续营业而应支付的劳动报酬和社会保险费用以及由此产生的其他债务。 5. 侵权之债。
清偿规则		1. 破产费用和共益债务由债务人财产随时清偿。 2. 债务人财产＜破产费用：终结破产程序。 3. 债务人财产＜（破产费用+共益债务）：先行清偿破产费用。 4. 债务人财产＜所有破产费用：破产费用每一项按比例清偿。 5. 债务人财产＜所有共益债务：共益债务每一项按比例清偿。

考点⑤①▶ 破产债权

一般规定	1. 以财产给付为内容。 2. 受理破产申请前成立的债权。 3. 平等民事主体之间的请求权。 4. 未到期的债权，在破产申请受理时视为到期。 5. 附利息的债权自破产申请受理时起停止计息。

申报期限	1. 受理之日起30日~3个月。（受疫情或者疫情防控措施影响，可以根据具体情况采取法定最长申报期限） 2. 可在破产财产最后分配前补充申报。（债权人确因疫情或者疫情防控措施影响无法按时申报债权，应当在障碍消除后10日内补充申报，可以不承担审查和确认补充申报债权的费用）
可作为破产债权申报	1. 有担保的债权。
	2. 未到期的债权。
	3. 附条件、附期限的债权。
	4. 诉讼、仲裁未决的债权。
	5. 连带债务人的代位求偿权 （1）债务人的保证人或者其他连带债务人已经代替债务人清偿债务的，以其对债务人的求偿权，可申报债权。 （2）债务人的保证人或者其他连带债务人尚未代替债务人清偿债务的，以其对债务人的将来求偿权，可申报债权。但是，债权人已经向管理人申报全部债权的除外。 （3）破产人的保证人和其他连带债务人，在破产程序终结后，对债权人依照破产清偿程序未受清偿的债权，依法继续承担清偿责任。（即使破产终结，也不免责）
	6. 保证人被裁定进入破产程序的： （1）债权人有权申报其对保证人的保证债权。 （2）主债务未到期的，保证债权在保证人破产申请受理时视为到期。一般保证的保证人主张行使先诉抗辩权的，人民法院不予支持，但债权人在一般保证人破产程序中的分配额应予提存，待一般保证人应承担的保证责任确定后再按照破产清偿比例予以分配。 （3）保证人被确定应当承担保证责任的，保证人的管理人可以就保证人实际承担的清偿额向主债务人或其他债务人行使求偿权。
	7. 保证人、债务人均被裁定进入破产程序的： （1）债务人、保证人均被裁定进入破产程序的，债权人有权向债务人、保证人分别申报债权。 （2）债权人向债务人、保证人均申报全部债权的，从一方破产程序中获得清偿后，其对另一方的债权额不作调整，但债权人的受偿额不得超出其债权总额。保证人履行保证责任后不再享有求偿权。
	8. 管理人或者债务人依照《企业破产法》规定解除合同的，对方当事人以因合同解除所产生的损害赔偿请求权，可申报债权。
	9. 债务人是票据的出票人，该票据的付款人继续付款或者承兑的，付款人以由此产生的请求权，可申报债权。
	10. 利息请求权。

不得作为破产债权申报	1. 诉讼时效已经届满的债权。 2. 罚金、罚款、违约金。 3. 债权人参加债权人会议的费用。 4. 所欠职工的工资、医疗、伤残补助、抚恤费用……职工的补偿金，不必申报，由管理人调查后列出清单并予以公示。 5. 破产申请受理后，债务人欠缴款项产生的滞纳金，包括债务人未履行生效法律文书应当加倍支付的迟延利息和劳动保险金的滞纳金，不作为破产债权申报。

练 习 ▶ 判断正误

1. 债权人甲公司要求果仁公司作为承揽人继续履行承揽合同，可进行债权申报。

答案 错误。（"要求……继续履行承揽合同"，此属于合同履行，而非财产给付）

2. 果仁公司被法院受理破产后，糖栗子要求申报债权，但糖栗子对果仁公司的债权尚差 3 个月才到期，该主张可以实现。

答案 正确。

第21讲　债务人财产

考点52 ▶ 债务人财产范围（总览）

债务人财产包括	1. 货币、实物、债权、股权、知识产权、用益物权等财产和财产权益。 2. 债务人已依法设定担保物权的特定财产。 3. 债务人对按份享有所有权的共有财产的相关份额，或者共同享有所有权的共有财产的相应财产权利，以及依法分割共有财产所得部分，均应认定为债务人财产。 4. 依法执行回转的财产。 5. 破产程序受理后债务人财产的增值。（孳息、不动产增值、退税款、租金等） 6. 管理人行使撤销权对应的财产。 7. 管理人行使追回权对应的财产。
债务人财产不包括	1. 取回权对应的财产。 2. 所有权专属于国家且不得转让的财产。 3. 其他依照法律、行政法规不属于债务人的财产。

考点 53 ▶ 追回权

对出资人 未缴出资 追回	1. 管理人应当要求该出资人缴纳所认缴的出资，而不受出资期限的限制。 2. 出资不受诉讼时效抗辩的限制。 3. 其他发起人和负有监督股东履行出资义务的董事、高级管理人员、协助抽逃出资的其他股东、董事、高管、实际控制人：承担相应责任，并将财产归入债务人财产。		
对管理层 "非正常收入 +侵占财产" 追回	1. 债务人的董事、监事和高级管理人员利用职权从企业获取的非正常收入和侵占的企业财产，管理人应当追回。 2. 非正常收入，是指债务人出现破产原因，其董事、监事和高级管理人员利用职权获取的：①绩效奖金；②普遍拖欠职工工资情况下获取的工资性收入；③其他非正常收入。		
	绩效奖金	管理人追回后，董监高因返还绩效奖金形成的债权→按普通破产债权清偿。	
	工资性收入	(1) ≤平均工资部分→按工资清偿顺序； (2) >平均工资部分→按普通破产债权清偿。	
	其他非正常收入	董监高返还其他非正常收入形成的债权→按普通破产债权清偿。	
	侵占财产	由管理人追回。	

考点 54 ▶ 取回权

取回权，是财产权利人从管理人接管的财产中取回不属于债务人的财产的请求权。

（一）取回权 1——合法占有但不属于债务人的财产

概　念	债务人基于仓储、保管、承揽、代销、借用、寄存、租赁等合同或者其他法律关系占有、使用的他人财产→不属于债务人财产→该财产的权利人可以通过管理人取回。
时　间	1. 权利人应当在破产财产变价方案或者和解协议、重整计划草案提交债权人会议表决前向管理人提出。 2. 权利人在上述期限后主张取回相关财产的，应当承担延行使取回权增加的相关费用。
违法转让 的处理	1. 无权处分发生在破产受理之前（A 时间段）： ［情形1］第三人善意取得：原权利人因财产损失形成的债权，作为普通破产债权清偿。 ［情形2］第三人未善意取得：因第三人已支付对价而产生的债务，作为普通破产债权清偿。
	2. 无权处分发生在破产受理之后（B 时间段）： ［情形1］第三人善意取得：因管理人或者相关人员执行职务导致原权利人损害产生的债务，作为共益债务清偿。 ［情形2］第三人未善意取得：因第三人已支付对价而产生的债务，作为共益债务清偿。

续表

违法转让的处理	（违法转让时间）　　　　A　　受理日　　　B ←————————————————→ 均为破产债权　　　　　　　均为共益债务
毁损、灭失的处理	占有物毁损/灭失，获得保险金等的处理： [情形1] 财产毁损、灭失发生在破产申请受理前的，权利人财产损失作为普通破产债权清偿。 [情形2] 发生在破产申请受理后的，导致权利人损害产生的债务，作为共益债务清偿。
权属不清物	对债务人占有的权属不清的鲜活易腐等不易保管的财产，或者不及时变现价值将严重贬损的财产，管理人及时变价并提存变价款后，有关权利人就该变价款行使取回权的，人民法院应予支持。

（二）取回权2——基于所有权保留买卖协议的取回权

概　念	债务人在所有权保留买卖中尚未取得所有权的财产，该财产的权利人可以通过管理人取回。
时　间	1. 权利人应当在破产财产变价方案或者和解协议、重整计划草案提交债权人会议表决前向管理人提出。 2. 权利人在上述期限后主张取回相关财产的，应当承担延迟行使取回权增加的相关费用。
一方破产	由管理人决定继续履行合同，或者解除合同。

（三）取回权3——对在途货物的取回（出卖人取回权）

概　念	1. 法院受理破产申请时，出卖人已将买卖标的物向作为买受人的债务人发运，债务人尚未收到且未付清全部价款的，出卖人可以取回在运途中的标的物。 2. 但是，破产管理人可以支付全部价款，请求出卖人交付标的物。
时　间	（行使时间—货物在途） 1. 出卖人通知承运人或者实际占有人或在货物未达管理人前已向管理人主张取回在运途中标的物，在买卖标的物到达管理人后，出卖人向管理人主张取回的，管理人应予准许。 2. 出卖人对在运途中标的物未及时行使取回权，在买卖标的物到达管理人后向管理人行使在运途中标的物取回权的，管理人不应准许。

（四）取回权4——所有权专属于国家且不得转让的财产（略）

练 习 ▶ 判断正误

1. 甲认缴100万元设立天天公司，实缴50万元后因经营不善天天公司被债权人申请破产，管理人可不论甲的认缴期限，要求甲补足出资。

[答 案]正确。

2. 张某为某债务人企业董事,在企业即将破产时仍然一直领取绩效奖金,在该企业被受理破产后,管理人应当追回该笔绩效奖金。

[答 案]正确。

3. 甲公司从乙公司租用一台设备,现甲公司向法院申请破产,该设备属于债务人财产。

[答 案]错误。

4. 绿杨公司已经被法院受理破产申请。在法院已经受理破产申请后、尚未宣告绿杨公司破产之时,绿杨公司购买的正在运输途中的但尚未付清货款的货物不构成债务人财产。

[答 案]正确。

5. 梦梦公司被法院受理破产,若梦梦公司进行破产重整,则权利人的取回权受到限制。

[答 案]正确。

6. 金圆公司于2015年8月15日被法院受理破产,金圆公司曾向B公司租用设备一台,并于2016年1月未经B公司同意,将该设备出售给方正公司,则B公司无法取回该设备。

[答 案]错误。(要分为两种情况讨论:①若方正公司符合善意取得条件,则方正公司取得该设备,B公司无法取回;②若方正公司不符合善意取得条件,则B公司可以取回该设备)

考点 55 ▶ 撤销权

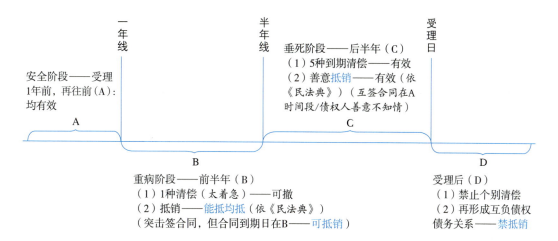

法院受理破产申请前1年内(濒临破产),涉及债务人财产的下列行为,管理人有权请求撤销:

行 为	发生时间	
	重病阶段——前半年(B)	垂死阶段——后半年(C)
无偿转让财产	可撤销	可撤销
以明显不合理的价格进行交易	可撤销(交易撤销后,买卖双方应当依法返还从对方获取的财产或者价款。对于债务人应返还受让人已支付价款所产生的债务,列为共益债务。)	可撤销

续表

行　　为	发生时间	
对没有财产担保的债务提供财产担保	可撤销	可撤销
放弃债权	可撤销	可撤销
个别清偿债务	[清偿日] 1. 个别清偿已经到期的债务→有效清偿。 2. 个别清偿未到期的债务：（分情况） （1）债务到期日在破产受理后→清偿可撤销； （2）债务到期日在破产受理日之前→有效清偿。	1. 个别清偿+未到期债→均可撤销。 2. 破产原因+个别清偿+到期债： [原则] 可撤销。 [例外] 下列五种清偿有效： （1）担保财产价值＞债权数额； （2）法定程序清偿； （3）水电费； （4）劳动报酬、人身损害赔偿金； （5）其他使债务人财产受益的个别清偿。

考点 56 ▶ 破产抵销权

（一）行使规则

破产抵销权	民法抵销权
1. 破产申请受理时，债务人对债权人负有的债务尚未到期→可抵销。 2. 破产申请受理时，债权人对债务人负有的债务尚未到期→可抵销。 3. 双方互负债标的物种类、品质不同→可抵销。 4. 破产抵销权，仅能由"债权人"提出。（管理人不得主动抵销债务人与债权人的互负债务，但抵销使债务人财产受益的除外） 5. 抵销自管理人收到通知之日生效。	1. 标的物种类、品质相同。 2. 债权债务已到期。 3. 民法抵销权，债权人、债务人均可提出。 4. 自通知到达对方时生效。

（二）破产抵销权的限制（禁止抵销的情况）

1. [禁抵销1] 股东出资额 ≠ 债务人欠股东之债（二者性质不同，不能抵销）

（1）债务人股东因欠缴债务人的出资或者抽逃出资对债务人所负的债务；与债务人对其负有的债务→禁止抵销。

（2）债务人股东滥用股东权利或者关联关系损害公司利益对债务人所负的债务；与债务人对其负有的债务→禁止抵销。

2. [禁抵销2] 恶意抵销，禁止。

互负债权债务关系 形成日-A	互负债权债务关系 形成日-B	互负债权债务关系 形成日-C	互负债权债务关系 形成日-D
（均可抵） 法律规定或者有破产申请1年前所发生的原因而形成互负债权债务的→不论到期日在哪个时间段→均可抵销。	（能抵则抵） 1. 债权人已知债务人有不能清偿到期债务或者破产申请的事实，对债务人负担债务的→推定为恶意互负债权债务；在B段到期，可抵销。 2. 次债务人恶意突击取得债权，处理同上。	（善意可抵） 恶意互负债权债务，到期日在破产申请受理前6个月内（C段到期）+出现破产原因→不可抵销。	1. 债务人的债务人（次债务人）在破产申请受理后取得他人对债务人的债权的→不得抵销。 2. 恶意互负债权债务，在破产申请受理时未到期→受理后（D段），债权人不可向管理人主张抵销。
例外——优质债权可抵销普通债权	1. 具有上述不得抵销情形的债权人，主张以其对债务人特定财产享有优先受偿权的债权，与债务人对其不享有优先受偿权的债权抵销→允许抵销。 2. 但是用以抵销的债权大于债权人享有优先受偿权财产价值的除外→禁止抵销。		

 总结　清偿日在B段（前半年），仅太着急的提前清偿（债务到期日在破产受理后）可撤销。清偿日在C段（破产受理前6个月，即后半年）+出现破产原因：非常5+1个别清偿有效。（5是指：对5种已到期债权的个别清偿即单向清偿有效；1是指：善意形成的互负债权债务关系→可抵销）

【对比】《破产法》第16条：人民法院受理破产申请后，债务人对个别债权人的债务清偿无效。（注意清偿时间是"破产受理后"禁止个别清偿）

练习 ▶ 判断正误

1. 债务人的债务人在破产申请受理后取得的他人对债务人的债权，不得用于抵销。

［答案］正确。

2. 债务人的债务人因为有破产申请1年前所发生的原因而取得的债权，可以主张抵销。

［答案］正确。

3. 甲公司在破产前半年内曾清偿了对乙银行所负的且以自有房产设定抵押担保的一笔小额到期贷款，管理人可以主张撤销。

［答案］错误。

4. 若甲公司在破产前半年内清偿对丙公司所负的且经法院判决所确定的货款，管理人可以主张撤销。

［答案］错误。

第22讲　重整、和解、清偿规则

考点57▶ 重整程序、和解程序

	重整程序	和解程序
启动原因	1. 不能清偿到期债务+资不抵债。 2. 不能清偿到期债务+明显缺乏清偿能力。 3. 明显丧失清偿能力的可能性→仅仅可启动重整程序。	1. 不能清偿到期债务+资产不足以清偿全部债务。 2. 不能清偿到期债务+明显缺乏清偿能力。
申请人	1. 债务人可直接申请重整。 2. 债权人可直接申请重整。 3. 注册资本1/10以上的出资人可申请"清算→重整"。 （即，债权人申请对债务人进行破产清算的，在人民法院受理破产申请后、宣告债务人破产前，债务人或者出资额占债务人注册资本1/10以上的出资人，可以向人民法院申请重整）	[仅债务人] 1. 债务人可直接向法院申请和解。 2. 债务人也可以在法院受理破产申请后、宣告债务人破产前，申请和解。
期间	重整期间包括：自法院裁定债务人重整之日起→至重整程序终止。包括：①提交重整计划（6个月+3个月）；②讨论通过重整计划（无时间限制）。 ③　　　①6个月　②无 申请日　　裁定　　　　　　　　重整程序终止　宣告破产 　　　　　受理日　　　　　　　　　　　执行重整计划 重整期间包括：①+②阶段；③阶段，提出/审查重整申请。	和解期间包括：裁定和解→终止和解程序。（法律未规定和解协议提交时间、讨论时间）
表决方式	1. 分组讨论。依照下列债权分类，债权人会议分组对重整计划草案进行表决： （1）对债务人的特定财产享有担保权的债权； （2）职工债权（工资、补偿金等）； （3）税款； （4）普通债权。 2. 组内：双重多数决。出席会议的同一表决组的债权人过半数同意重整计划草案，并且其所代表的债权额占该组债权总额的2/3以上的，即为该组通过重整计划草案。 3. 各表决组均通过重整计划草案时，重整计划即为通过。 4. 法院裁定批准，终止重整程序，破产程序终结。	1. 债权人不分组+双重多数决。即，债权人会议通过和解协议的决议，由出席会议的有表决权的债权人过半数同意，并且其所代表的债权额占无财产担保债权总额的2/3以上。 2. 法院认可生效。即，债务人和债权人达成和解协议，必须经法院裁定认可方能生效。（区别：重整计划→法院裁定批准） 3. 和解债权人对债务人的保证人和其他连带债务人所享有的权利，不受和解协议的影响。

续表

	重整程序	和解程序
强行批准	部分表决组未通过重整计划草案: 1. 债务人或者管理人可同该表决组协商。该表决组可以在协商后再表决一次。 2. 该表决组拒绝再次表决或者再次表决仍未通过重整计划草案,但重整计划草案符合法定条件的,债务人或者管理人可以申请法院批准重整计划草案。 3. 法院可强行裁定批准该重整计划。	无
重整期间的营业保护	1. 在重整期间,债务人或者管理人为继续营业而借款的,可以为该借款设定担保。(允许新担保) 2. 对债务人的特定财产享有的担保权暂停行使。 3. 取回权人行使所有权受到限制。 4. 债务人的出资人不得请求投资收益分配。 5. 债务人的董事、监事、高级管理人员不得向第三人转让其持有的债务人的股权。但是,经法院同意的除外。	担保物权人不受和解协议影响。(对债务人的特定财产享有担保权的权利人,自法院裁定和解之日起可以行使优先受偿权)
终止程序	1. 通过重整计划,终止重整程序+恢复经营。 2. 终止重整程序+宣告破产。(重整计划未提出;未获得法院批准;经营恶化—经管理人或利害关系人请求,法院裁定终止重整程序,并宣告债务人破产)	1. 通过和解协议,终止和解程序+恢复经营。 2. 终止和解程序+宣告破产。(草案未获得通过;未获得法院认可;经营恶化→法院经和解债权人请求,应当裁定终止和解协议的执行,并宣告债务人破产)
计划的执行	1. 重整计划由债务人负责执行。 2. 由管理人监督重整计划的执行。债务人应当向管理人报告。 3. 债务人不能或者不执行重整计划的,法院经管理人或者利害关系人请求→裁定终止重整计划的执行+宣告破产。 4. 重整计划执行不能的后果 (1) 债权人因执行重整计划所受的清偿有效。 (2) 债权人在重整计划中作出的债权调整的承诺失去效力。 (3) 债权未受清偿的部分作为破产债权。只有在其他同顺位债权人同自己所受的清偿达到同一比例时,才能继续接受分配。 (4) 为重整计划的执行提供的担保继续有效。(联系法条:"在重整期间,债务人或者管理人为继续营业而借款的,可以为该借款设定担保")	和解协议执行不能的后果: 1. 和解债权人因执行和解协议所受的清偿有效。 2. 和解债权人在和解协议中作出的债权调整的承诺失去效力。 3. 和解债权未受清偿的部分作为破产债权。和解债权人,只有在其他债权人同自己所受的清偿达到同一比例时,才能继续接受分配。 4. 第三人为和解协议执行提供的担保继续有效。

考点 58 ▶ 破产清偿规则

（一）破产受理后的清偿

禁个别清偿	破产案件受理后，债务人对个别债权人的债务清偿无效。（由管理人按清偿方案统一清偿）
允许新借款	1. 破产申请受理后……管理人可以为债务人继续营业而借款。 2. 该项债权可优先于普通破产债权清偿，但不得优先于此前已就债务人特定财产享有担保的债权清偿。 3. 管理人或债务人可以为前述借款设定抵押担保……
禁新产生的抵销	债务人的债务人（次债务人）＋在破产申请受理后取得他人对债务人的债权→不得抵销。

（二）宣告破产后的清偿（即"破产清算程序"）

别除权人 （优先清偿）	1. 别除权＝抵押权、质押权、留置权。（别除权人，是对破产人的特定财产享有担保权的权利人） 2. 别除权是优先受偿权。（即，对破产人的特定财产享有担保权的权利人，对该特定财产享有优先受偿的权利） 3. 别除权不参加集体清偿程序。（别除权制度是破产法集体清偿原则的例外）
对普通 债权人的清偿	破产财产在优先清偿破产费用和共益债务后，依照下列顺序清偿： 1. 第一顺序：职工债权。 2. 第二顺序：社保费用、税。　　　　　　外顺内比 3. 第三顺序：普通债权。

练 习 ▶ 判断正误

1. 债务人一旦被宣告破产，则不可能再进入重整或者和解程序。

〔答案〕正确。

2. 破产案件受理后，只有债务人才能提出和解申请。

〔答案〕正确。

第5章　票据法

第❷❸讲　票据法原理

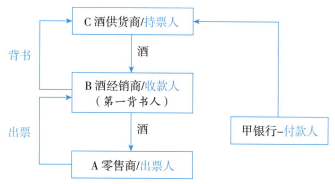

考点 59 ▶ 票据特征、种类

特　征	无因证券	1. 持票人在行使票据权利时，无须证明给付原因。
		2. 无因性的例外 （1）直接当事人之间无真实的交易关系和债权债务关系； （2）票据债务人可以对不履行约定义务的与自己有直接债权债务关系的持票人，进行抗辩。
	要式证券	1. 票据记载事项要严格按照规定，否则会影响票据的效力。 2. 票据上的行为（如出票、背书、承兑、保证、追索等）必须严格按照规定的程序和规则进行。
	文义证券	票据上权利义务的内容，以票据上的文字记载为准。如，票据上记载的出票日和实际出票日不一致时，以票据上记载的出票日为准。
	设权证券	票据权利的产生前提是必须首先要做成"票据"（即合法出票）。在票据做成之前，票据权利是不存在的。（没有票据，就没有票据权利）
	流通证券	略
	缴付证券	

续表

种 类	汇 票	1. 是委付证券。 2. 分为：银行汇票；商业汇票（银行承兑汇票+商业承兑汇票）。 3. 基本当事人：出票人+付款人+收款人。（均可是银行、企业、个人）
	本 票	1. 是己付证券。 2. 仅有一类：银行本票。 3. 基本当事人：①出票人=付款人（限银行）；②收款人。
	支 票	1. 是支付证券。 2. 可分为：①现金支票、转账支票；②记名支票、非记名支票。 3. 基本当事人：①出票人；②收款人（可补记）；③付款人（限银行、金融机构）。

练 习 ▶ 判断正误

1. 票据的无因性是指能否享有票据权利以出票人合法出票为前提。

答 案 错误。（该句所对应的属性为"票据是设权证券"，而非"无因性"）

2. 依票据法原理，票据具有设权性特征。没有票据，就没有票据权利。

答 案 正确。

第24讲　票据权利

考 点 60 ▶ 票据权利种类

付款 请求权	1. 持票人首先向付款人请求付款。 2. 付款请求权，是首次权利。 A→张三→李四→王五 ↓←——————— X（付款人）
追索权 的原因	有下列情形之一的，持票人可以行使追索权： 1. 到期被拒付。即，汇票到期被拒绝付款的，持票人可行使追索权。 2. 到期前有拒付风险。即，汇票到期日前有下列情形之一的，持票人可行使追索权： ①汇票被拒绝承兑的；②承兑人或者付款人死亡、逃匿的；③承兑人或者付款人被依法宣告破产的或者因违法被责令终止业务活动的。
追索权 的条件	1. 持票人行使追索权时，应当提供被拒绝承兑或者被拒绝付款的有关证明。持票人不能出示合法证明的，丧失对其前手的追索权。但是，承兑人或者付款人仍应当对持票人承担责任。

续表

追索权的条件	2. 持票人提示承兑或者提示付款被拒绝的，承兑人或者付款人必须出具拒绝证明，或者出具退票理由书。未出具拒绝证明或者退票理由书的，应当承担由此产生的民事责任。
行使规则	1. 前手的连带责任。即，持票人可以对背书人、出票人以及汇票的其他债务人行使追索权。 2. 选择性。即，持票人可以不按照汇票债务人的先后顺序，对其中任何一人、数人或者全体行使追索权。 3. 变更性。即，持票人对汇票债务人中的一人或者数人已经进行追索的，对其他汇票债务人仍可以行使追索权。 4. 代位性。即，被追索人清偿债务后，与持票人享有同一权利。

考点 61 ▶ 票据权利的保全、票据权利的消灭

取得原则	1. 对价原则。(例外为：因税收、继承、赠与可以依法无偿取得票据的，不受给付对价的限制。但是，所享有的票据权利不得优于其前手的权利。) 2. 持票人取得票据的手段必须合法。 3. 主观上应当善意。
保全方式	1. 按期提示票据。(如，提示票据，请求付款被拒绝，方可行使追索权) 2. 做成拒绝证书。(如，持票人行使追索权时，应当提供被拒绝承兑或被拒绝付款的有关证明) 3. 中断时效。
消灭事由	1. 付款。付款人依法足额付款后，全体汇票债务人的责任解除。(绝对消灭) 2. 追索义务人清偿票据债务及追索费用。(相对消灭) 3. 票据时效期间届满。 4. 票据记载事项欠缺。 5. 保全手续欠缺。(如，持票人不能出示拒绝证明、退票理由书或者未按照规定期限提供其他合法证明的，丧失对前手的追索权)

考点 62 ▶ 票据权利瑕疵

类 型		知识精要
签章瑕疵	伪造签章	票据伪造，是指假借他人的名义在票据上为一定的票据行为。一般来说，票据法意义上的票据伪造指票据签章的伪造，而不包括其他事项的伪造。 处理规则： 1. 票据上有伪造的签章，不影响票据上其他真实签章的效力。 2. 其他签章人仍需依其签章按照票据所载文义承担票据责任。

续表

类　型		知识精要
签章瑕疵	无民/限民签章	处理规则： 1. 无民事行为能力人或者限制民事行为能力人在票据上签章的，其签章无效。 2. 但是，不影响其他签章的效力。
	无权代理、越权代理人签章	1. 没有代理权而以代理人名义在票据上签章的，应当由签章人承担票据责任。（签章人＝代理人） 2. 代理人超越代理权限的，应当就其超越权限的部分承担票据责任。
票据变造		票据的变造，是指无票据记载事项变更权限的人，对票据上记载事项加以变更，从而使票据法律关系的内容发生改变。处理规则为： 1. 在变造之前签章的人，对原记载事项负责。 2. 在变造之后签章的人，对变造之后的记载事项负责。 3. 不能辨别是在票据被变造之前或者之后签章的，视同在变造之前签章。
票据更改		1. 票据金额、日期、收款人名称不得更改，更改的票据无效。 2. 对票据上的其他记载事项，原记载人可以更改，更改时应当由原记载人签章证明。
		【对比】票据更改 VS 票据变造 1. 更改，是有权人变更，如出票人修改票据金额，票据无效。 2. 变造，是无权人变更，如票据在流通时背书人修改票据金额，票据有效。
票据涂销		票据涂销，是指将票据上的签名或者其他记载事项涂抹消除的行为。处理规则为： 1. 权利人故意所为的票据涂销行为，其实质是票据内容的更改。涂销的事项若为票据金额、日期、收款人名称，其后果为票据无效。 2. 权利人非故意所为的票据涂销，涂销行为无效，票据依其未涂销时的记载事项发生法律效力。 3. 非权利人所为的票据涂销行为，发生票据伪造、变造的法律后果。

[例] 甲公司签发一张汇票给乙，票面记载金额为10万元，乙取得汇票后背书转让给丙，丙取得该汇票后又背书转让给丁，但将汇票的记载金额由10万元变更为20万元。之后，丁又将汇票最终背书转让给戊。其中，乙的背书签章已不能辨别是在记载金额变更之前，还是在变更之后。

甲	乙	丙	丁	戊
10万	10万	20万	20万	

此时，①甲应对戊承担10万元的票据责任。②乙的签章不能辨别是在票据被变造之前或者之后签章的，视同在变造之前签章。所以，乙应对戊承担10万元的票据责任。③丙应对戊承担20万元的票据责任。④丁是在变造之后签章的人，对变造之后的记载事项负责，所以丁应对戊承担20万元的票据责任。

第25讲 票据抗辩与补救

考点 63 ▶ 票据抗辩

概 念	票据抗辩，是指票据债务人拒绝向持票人支付票据金额。
对人抗辩	1. 《票据法》第13条第1、2款 票据债务人不得以自己与出票人或者与持票人的前手之间的抗辩事由，对抗持票人。但是，持票人明知存在抗辩事由而取得票据的除外。 票据债务人可以对不履行约定义务的与自己有直接债权债务关系的持票人，进行抗辩。 2. 《票据法》第11条第1款 因税收、继承、赠与可以依法无偿取得票据的，不受给付对价的限制。但是，所享有的票据权利不得优于其前手的权利。 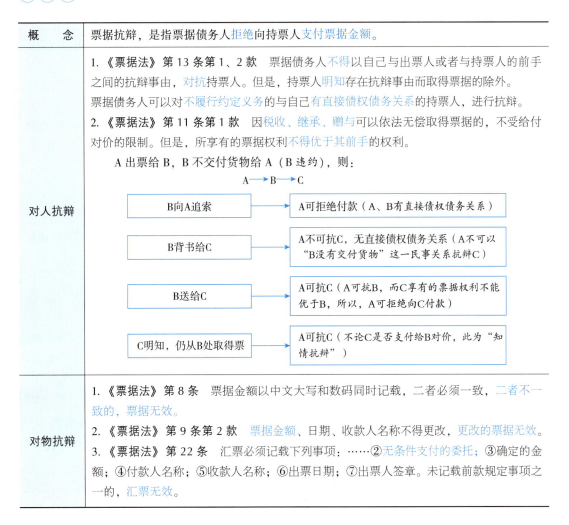
对物抗辩	1. 《票据法》第8条 票据金额以中文大写和数码同时记载，二者必须一致，二者不一致的，票据无效。 2. 《票据法》第9条第2款 票据金额、日期、收款人名称不得更改，更改的票据无效。 3. 《票据法》第22条 汇票必须记载下列事项：……②无条件支付的委托；③确定的金额；④付款人名称；⑤收款人名称；⑥出票日期；⑦出票人签章。未记载前款规定事项之一的，汇票无效。

考点 64 ▶ 票据丧失的补救

票据丧失，失票人的补救措施包括：挂失止付、公示催告和提起诉讼。（《票据法》第15条）要点为：

挂失止付	1. 票据丧失，失票人可以及时通知票据的付款人挂失止付，但是，未记载付款人或者无法确定付款人及其代理付款人的票据除外。（另外，已经被承兑的票据丢失，承兑人也可提起）

续表

挂失止付	2. 票据本身并不因挂失止付而无效。 3. 收到挂失止付的付款人，应当暂停支付。若付款人违反该规定继续付款的，应当向权利人承担赔偿责任。 4. 失票人应当在通知挂失止付后 3 日内，也可以在票据丢失后，依法向法院申请公示催告，或者向人民法院提起诉讼。 5. 挂失止付不是公示催告程序和诉讼程序的必经程序。
公示催告	1. 是指按照规定可以背书转让的票据持有人，因票据被盗、遗失或者灭失，可以向票据支付地的基层人民法院申请公示催告。 2. 公示催告的期间由法院根据情况决定，但不得少于 60 日。 3. 公示催告期间，转让票据权利的行为无效。 4. 公示催告期间，以公示催告的票据质押，因质押而接受该票据的持票人主张票据权利的，不予支持，但公示催告期间届满以后法院作出除权判决以前取得该票据的除外。（《票据规定》第 34 条） 5. 支付人收到法院停止支付的通知，应当停止支付，至公示催告程序终结。 6. 法院作出除权判决宣告票据无效。
普通诉讼程序	在票据遗失后，已经知道现实持有人的情况下，失票人不能申请公示催告，但可以依普通民事诉讼程序，提起返还票据的诉讼。

练 习 ▶ 判断正误

1. 大栗公司向金栗公司开具一张汇票，金栗公司将该票据背书转让给银栗公司。后因金栗公司所交付货物质量存在问题，大栗公司与金栗公司发生纠纷，若银栗公司受让票据时已知晓大栗公司与金栗公司间的纠纷，则大栗公司可以向银栗公司抗辩。

[答案] 正确。

2. 萱草公司购买萱萱公司电脑 20 台，向萱萱公司签发金额为 10 万元的商业承兑汇票一张，如该汇票已背书转让给毛栗公司，毛栗公司恰好欠汇票付款人某银行 10 万元到期贷款，则银行可以提出抗辩而拒绝付款。

[答案] 正确。

3. 若出票人出票时记载"验货合格后付款"字句，则票据债务人可以据此对任何持票人行使抗辩。

[答案] 正确。

第26讲　票据行为

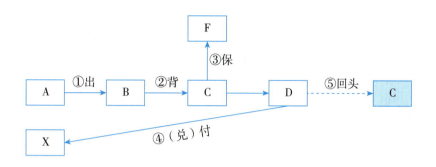

考点65▶出　票

绝对必要记载事项	1. 表明"汇票"的字样。	绝对必要记载事项：出票日三人无钱。（缺一无效）
	2. 无条件支付的委托。	
	3. 确定的金额 （1）出票时，必须记载确定的金额； （2）票据金额以中文大写和数码同时记载，二者必须一致，二者不一致的，票据无效； （3）票据金额、日期、收款人名称不得更改，更改的票据无效； （4）违反上述关于金额的规定：汇票无效→对物抗辩发生。	
	4. 基本当事人：①付款人名称；②收款人名称；③出票人签章。	
	5. 出票日期。	
可推定的记载事项	1. 汇票上未记载付款日期的，为见票即付。 2. 汇票上未记载付款地的，付款人的营业场所、住所或者经常居住地为付款地。 3. 汇票上未记载出票地的，出票人的营业场所、住所或者经常居住地为出票地。	
出票"禁转"字样	1. 出票人在汇票上记载"不得转让"字样的，汇票不得转让。票据持有人背书转让的，背书行为无效。背书转让后的受让人不得享有票据权利，票据的出票人、承兑人对受让人不承担票据责任。（《票据规定》第48条） 2. 出票人在票据上记载"不得转让"字样，其后手以此票据进行质押的，通过质押取得票据的持票人主张票据权利的，人民法院不予支持。（《票据规定》第53条）	

续表

出票 "禁转" 字样	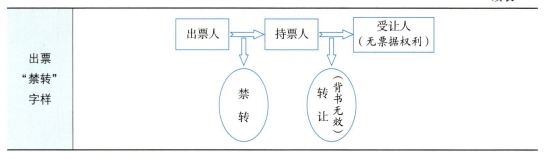

考 点 66 ▶ 背　书

一般规则	1. 以背书转让的汇票，背书应当连续。 2. 背书转让无须经票据债务人同意。只要持票人完成背书行为，就构成有效的票据权利转让。 3. 背书转让的转让人不退出票据关系，而是由先前的票据权利人转变为票据义务人，并承担担保承兑和担保付款的责任。（所以，通过背书的方式转让票据权利，能够使受让人得到更充分的保护）
禁转背书	背书人在汇票上记载"不得转让"字样： 1. 记载"禁转"字样的背书人，将自己的担保责任限制在其直接后手。 2. 其后手的再次背书为"有效背书"，具有普通背书的效力。 3. 但是，其后手再背书转让的，原背书人对后手的被背书人不承担保证责任。

<table>
<tr><td rowspan="2">期后背书</td><td>概　念</td><td>是指汇票被拒绝承兑、被拒绝付款或者超过付款提示期限的，背书人仍然将其背书转让的行为。</td></tr>
<tr><td>处　理</td><td>（1）汇票被拒绝承兑、被拒绝付款或者超过付款提示期限的，不得背书转让；
（2）背书转让的，背书人应当承担汇票责任；（《票据法》第36条）
（3）期后背书，被背书人以背书人为被告行使追索权而提起诉讼的，人民法院应当依法受理。（《票据规定》第3条）</td></tr>
</table>

附条件 背书	1. 背书不得附有条件。例如，背书记载"如果验货合格则承担票据责任"，此为附条件背书。 2. 附条件背书，是违反票据法的行为。所附条件不具有汇票上的效力，但票据有效，背书有效。
"委托收款" 字样	背书记载"委托收款"字样的： 1. 被背书人有权代背书人行使被委托的汇票权利。 2. 但是，被背书人不得再以背书转让汇票权利。
部分背书/ 分别背书	将汇票金额的一部分转让的背书或者将汇票金额分别转让给2人以上的背书无效。

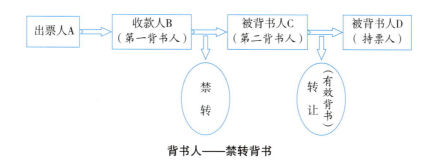

背书人——禁转背书

考点 67 ▶ 汇票质押

汇票质押的设立	字样+签章。以汇票设定质押时，出质人在汇票上只记载了"质押"字样未在票据上签章的，或者出质人未在汇票、粘单上记载"质押"字样而另行签订质押合同、质押条款的，不构成票据质押。
质押规则	1. 出票人在票据上记载"不得转让"字样，其后手以此票据质押的，通过质押取得票据的持票人主张票据权利的，人民法院不予支持。 2. 背书人在票据上记载"质押"字样，其后手再质押的，原背书人对后手的被背书人不承担票据责任，但不影响出票人、承兑人以及原背书人之前手的票据责任。 3. 因票据质权人以质押票据再行背书质押……引起纠纷而提起诉讼的，人民法院应当认定背书行为无效。 4. 公示催告期间，以公示催告的票据质押，因质押而接受该票据的持票人主张票据权利的，不予支持，但公示催告期间届满以后法院作出除权判决以前取得该票据的除外。

考点 68 ▶ 保　证

记载事项	保证人在汇票或者粘单上记载下列事项： 1. 表明"保证"的字样，或记载保证文句。保证人未在票据或者粘单上记载"保证文句"而是另行签订保证合同或者保证条款的，不构成票据保证。 2. 保证人名称和住所。 3. 被保证人的名称。 4. 保证日期。 5. 保证人签章。
可推定事项	1. 保证人在汇票或者粘单上未记载"被保证人名称"： （1）已承兑的汇票，承兑人为被保证人； （2）未承兑的汇票，出票人为被保证人。
	2. 保证人在汇票或者粘单上未记载"保证日期"，出票日期为保证日期。

续表

不得记载事项	票据保证不得附条件，附有条件的，不影响对汇票的保证责任，即该条件视为无记载。 1. 保证附条件，是违反《票据法》的行为。 2. 保证附条件虽然违法，也要承担不利后果，即"所附条件视为无记载"，但该张票据有效，票据保证行为有效。
法律效力	1. 票据保证人的责任是独立责任。即，"保证人对合法取得汇票的持票人所享有的汇票权利，承担保证责任。但是，被保证人的债务因汇票记载事项欠缺而无效的除外"。 2. 票据保证人的责任是连带责任。 3. 票据保证人可行使追索权。

考点 69 ▶ 汇票——承兑、付款

承　兑	1. 付款人承兑汇票，不得附有条件。 2. 承兑附有条件的，视为拒绝承兑→持票人可以行使追索权。 3. 付款人承兑汇票后，应当承担到期付款的责任。
付　款	1. 付款时，应当审查汇票背书的连续。 2. 付款时，审查提示付款人的合法身份证明或者有效证件。 3. 以恶意或者有重大过失付款的，付款人应当自行承担责任。 4. 对定日付款、出票后定期付款或者见票后定期付款的汇票，付款人在到期日前付款的，由付款人自行承担所产生的责任。 5. 票据出现"对物抗辩""对人抗辩"事由，付款人可以拒绝付款。

练 习 ▶ 判断正误

1. 甲是出票人，出票时记载"不得转让"，该票据现经乙公司背书给丙。现丙提示付款时被银行拒绝。则银行拒付没有正当理由。

[答案] 错误。（出票时记载"不得转让"字样的，汇票不得转让。其后手乙的再次背书，性质是无效背书，因此银行可以拒付丙。）

2. 乙为某张票据背书人且为限制民事权利人，乙的签章无效，但该票据有效。

[答案] 正确。

3. 票据保证不得附有条件，附条件的票据保证无效。

[答案] 错误。（条件视为无记载，但票据保证有效）

第27讲　支　票

考点 70 ▶ 支票出票、付款规则

出票规则		1. 开立支票存款账户和领用支票，应当有可靠的资信，并存入一定的资金。 2. 开立支票存款账户，申请人应当预留其本名的签名式样和印鉴。 3. 出票人必须按照签发的支票金额承担保证向该持票人付款的责任。 4. 禁止签发空头支票。即，支票的出票人所签发的支票金额不得超过其付款时在付款人处实有的存款金额。
出票票面 记载	绝对记载 事项	1. 表明"支票"的字样。 2. 无条件支付的委托。 3. 确定的金额。（支票上的金额可以由出票人授权补记，未补记前的支票，不得使用） 4. 付款人名称。 5. 出票日期。 6. 出票人签章。
		支票上未记载前款规定事项之一的，支票无效。
	可推定事项	1. 支票上未记载收款人名称的，经出票人授权，可以补记。出票人可以在支票上记载自己为收款人。 2. 支票上未记载付款地的，付款人的营业场所为付款地。 3. 支票上未记载出票地的，出票人的营业场所、住所或者经常居住地为出票地。
	禁　记	1. 支票限于见票即付，不得另行记载付款日期。 2. 另行记载付款日期的，该记载无效。（但支票有效）
付款规则		1. 出票人在付款银行的存款足以支付支票金额时，付款人应当在持票人提示付款的当日足额付款。 2. 提示付款。支票的持票人应当在出票日起10日内提示付款；异地使用的支票，付款提示付款期限由中国人民银行另行规定；超过付款提示期限的，付款人可以拒绝付款。 3. 因超过提示付款期限付款人不予付款的，持票人仍享有票据权利，出票人仍应对持票人承担票据责任，支付票据所载金额。 4. 现金支票，只能用于支取现金；转账支票只能用于转账，不得支取现金。

练　习 ▶ 判断正误

1. 现金支票在其正面注明后，可用于转账。

[答 案]错误。

2. 支票上不得另行记载付款日期，否则该记载无效。

[答 案]正确。

3. 支票不得背书，也不得行使追索权。

[答 案]错误。(见《票据法》第 93 条第 1 款，支票可以背书，持票人也可以行使追索权)

4. 支票上未记载付款地的，付款人营业场所、住所或者经常居住地为付款地。

[答 案]错误。(支票只能推定"营业场所"为付款地)

第6章　保险法

第28讲　保险合同总论

考点71▶ 保险利益

1. 保险利益，是指投保人或者被保险人对保险标的具有的法律上承认的利益。
2. 该原则的意义在于防止道德风险的发生。

	人身保险	财产保险
时间要求	1. 订立时具有保险利益。即投保人对被保险人在保险合同订立时应当具有保险利益。 2. 保险合同订立后，投保人丧失对被保险人的保险利益，当事人主张保险合同无效的，法院不予支持。 3. 法院应主动审查投保人订立保险合同时是否具有保险利益。	1. 保险事故发生时具有保险利益。即被保险人在保险事故发生时对保险标的应当具有保险利益。 2. 法院无主动审查义务。 3. 财保保险利益三要件：合法性+经济性+确定性。
后　果	1. 若订立时无保险利益，保险人不得承保。 2. 若已承保的，保险合同无效，保险人扣除手续费后，应退还保费。	保险事故发生时，被保险人对保险标的不具有保险利益的，不得向保险人请求赔偿保险金。
对　象	投保人对下列人员具有人身保险利益：①本人；②配偶、子女、父母；③前项以外与投保人有抚养、赡养或者扶养关系的家庭其他成员、近亲属；④与投保人有劳动关系的劳动者；⑤被保险人同意投保人为其订立合同的，视为投保人对被保险人具有保险利益。	法律无直接规定。依据三要件"合法性+经济性+确定性"判断。

考点72▶ 订立合同，投保人应如实告知

保险合同为"不要式合同"。即，投保人提出保险要求，经保险人同意承保，保险合同成立。

如实告知的内容	未如实告知的后果	对保险人解除合同的限制

	故意不告知	重大过失未告知	

1. 订立时，投保人明知的与保险标的或者被保险人有关的情况→属于"应当如实告知"的内容。
2. 告知义务，限于保险人询问的范围和内容。
3. 对询问范围及内容有争议的，保险人负举证责任。
4. 投保人可以不告知投保单询问表中所列概括性条款。
5. 人保中，体检不免除"如实告知义务"。
6. 人保中，保险人知道体检结果，投保人可不告知相关情况。

故意不告知
1. 解除合同。
2. 不支付保险金。
3. 不退保费。

重大过失未告知
1. 解除合同。
2. 不支付保险金。
3. 退保费。

〔限1〕明知＋收取保费→不可解除。
〔限2〕明知＋超过30日→不可解除。
〔限3〕合同成立超过2年→不可解除。
〔限4〕禁反言→不可解除。
〔限5〕未告知"概括性条款"→不可解除。
〔限6〕保险人未行使合同解除权，不得直接以"未如实告知"为由拒绝赔偿。

考点 73 ▶ 免责条款

总要求	原则	1. 对免除保险人责任的条款，保险人在订立合同时应当在投保单、保险单或者其他保险凭证上作出足以引起投保人注意的提示，并对该条款的内容以书面或者口头形式向投保人作出明确说明。（免责条款：提示＋明确说明） 2. 未作提示或者明确说明的，该条款不产生效力。
	例外	1. 保险人将禁止性规定情形作为免责事由→只需提示。 2. 保险人将享有的法定解除合同权的条款，作为免责条款→无需提示与说明。
提示		1. 以足以引起投保人注意的文字、字体、符号或者其他明显标志作出提示。 2. 通过网络、电话等方式订立的保险合同，保险人可以网页、音频、视频等形式对免除保险人责任条款予以提示和明确说明。
明确说明		1. 保险人以书面或者口头形式向投保人作出常人能够理解的解释说明。 2. 投保人对保险人履行了明确说明义务在相关文书上签字、盖章或者以其他形式予以确认的。（但另有证据证明保险人未履行明确说明义务的除外） 3. 保险人对其履行了明确说明义务负举证责任。

考点 74 ▶ 保险合同条款纠纷

代签字	1. 投保人未亲自签字时，保险人代为签字或盖章的→对投保人不生效。 2. 但投保人已经交纳保险费的，视为对代签字追认。

续表

代填单	保险人代为填写保险单证后经投保人签字或者盖章确认的→代为填写的内容视为投保人的真实意思表示。
合同审查期间发生事故	（保险人接受了投保人提交的投保单并收取了保险费，尚未作出是否承保的意思表示，发生保险事故） 1. 符合承保条件的，保险人承担保险责任。 2. 不符合承保条件的，保险人不承担保险责任，但退还已经收取的保险费。 3. 保险人主张不符合承保条件的，应承担举证责任。
投保单与保险单不一致的	1. 原则上，以投保单为准。 2. 但不一致的情形系经保险人说明并经投保人同意的，以投保人签收的保险单或者其他保险凭证载明的内容为准。
其他不一致情形	1. 非格式条款与格式条款不一致的→以非格式条款为准。 2. 保险凭证记载的时间不同的→以形成时间在后的为准。 3. 保险凭证存在手写和打印两种方式的→以双方签字、盖章的手写部分的内容为准。
格式条款争议	1. 通常理解原则。 2. 利于被保险人和受益人原则。 3. 保险人在其提供的保险合同格式条款中对非保险术语所作的解释符合专业意义，或者虽不符合专业意义，但有利于投保人、被保险人或者受益人的，法院应予认可。

练 习 ▶ 判断正误

1. 保险利益原则的根本目的是解决理赔难以及维护投保人和被保险人的利益。

[答 案] 错误。（目的在于防止道德风险的发生）

2. 人身保险合同订立后，投保人丧失对被保险人的保险利益可导致保险合同无效。

[答 案] 错误。（人身保险要求"合同订立时"具有保险利益）

3. 法院在审理人身保险合同纠纷案件需要主动审查投保人订立合同时是否具有保险利益。

[答 案] 正确。

第29讲 人身保险合同

考 点 75 ▶ 受益人

受益人的产生	1. 可由被保险人单独指定。 2. 投保人指定受益人时须经被保险人同意。未经被保险人同意的，法院应认定指定行为无效。

受益人的产生	3. 可由监护人指定。即，被保险人为无民或限民的，可以由其监护人指定受益人。 4. 投保人为与其有劳动关系的劳动者投保人身保险，不得指定被保险人及其近亲属以外的人为受益人。（即，只能指定劳动者本人或其近亲属为受益人）	
受益人的变更	1. 被保险人可以单独变更受益人。 2. 投保人变更，须经被保险人同意。否则认定变更行为无效。 3. 投保人或者被保险人变更受益人，变更行为自变更意思表示发出时生效。 4. 投保人或者被保险人变更受益人未通知保险人，保险人可主张变更对其不发生效力。 5. 投保人或者被保险人在保险事故发生后变更受益人，变更后的受益人请求保险人给付保险金的，人民法院不予支持。	
受益人约定不明	1. 受益人约定为"法定"或者"法定继承人"	以《民法典》规定的法定继承人为受益人。
	2. 受益人仅约定为身份关系（如配偶）	（1）投保人与被保险人为同一主体时，根据保险事故发生时与被保险人的身份关系确定受益人； （2）投保人与被保险人为不同主体时，根据保险合同成立时与被保险人的身份关系确定受益人。
	3. 约定的受益人包括姓名和身份关系（如丈夫张三）	保险事故发生时身份关系发生变化的，认定为未指定受益人。
部分受益人先死亡	投保人或者被保险人指定数人为受益人，部分受益人在保险事故发生前死亡、放弃受益权或者依法丧失受益权的，该受益人应得的受益份额按照保险合同约定处理。保险合同没有约定或者约定不明的，该受益人应得的受益份额按照以下情形分别处理：	
	1. 未约定受益顺序，未约定受益份额	由其他受益人平均享有。
	2. 未约定受益顺序，但约定受益份额	由其他受益人按照相应比例享有。
	3. 约定受益顺序，但未约定受益份额	（1）由同顺序的其他受益人平均享有； （2）同一顺序没有其他受益人的，由后一顺序的受益人平均享有。
	4. 约定受益顺序，并约定受益份额	（1）由同顺序的其他受益人按照相应比例享有； （2）同一顺序没有其他受益人的，由后一顺序的受益人按照相应比例享有。

考点 76 ▶ 未支付当期保费的处理（中止/复效制度）

人身保险合同约定分期支付保险费，投保人支付首期保险费后，到期未支付当期保费的处理：（除合同另有约定外）

当期保费时间点	30（60）日内	超30（60）日	满2年
	宽限期–要赔	中止、不赔+可复效	保险人可解除

具体规则如下：

宽限期 （30日内；60日内）	自保险人催告之日起30日内或约定之日起60日内（宽限期）发生保险事故→应当赔偿，但应扣除应交的保费。
中止期 （超30；超60）	1. 自保险人催告之日起超过30日未支付，或者超过约定的期限60日未支付当期保险费： （1）合同效力中止；（中止期内发生保险事故，不赔偿） （2）或者由保险人按照合同约定的条件减少保险金额； （3）保险人对人寿保险的保险费，不得用诉讼方式要求投保人支付。 2. 合同效力中止的，在投保人补交保险费后，合同效力恢复，称为复效。 （1）保险合同效力中止的，投保人提出恢复效力申请并同意补交保险费的，除被保险人的危险程度在中止期间显著增加外，保险人不得拒绝恢复效力。 （2）保险人在收到恢复效力申请后，30日内未明确拒绝的，应认定为同意恢复效力。 （3）保险合同自投保人补交保险费之日恢复效力。保险人可要求投保人补交相应利息。
保险人解除 （中止超2年）	自"合同效力中止之日"起2年未达成协议的，保险人有权解除合同。

考点77 ▶ 死亡险

一般规定		1. 宣告死亡适用。 2. 被保险人被宣告死亡之日在保险责任期间之外，但下落不明之日在保险责任期间之内→要支付保险金。
为无民投保	原　则	不得为无民事行为能力人投保以死亡为给付保险金条件的人身保险。
	例　外	1. 父母可以为其未成年子女投保死亡险，但给付的保险金总和不得超过……限额。 2. 其他履行监护职责的人为未成年人订立以死亡为给付保险金条件的合同无效。（但经未成年人父母同意的，该合同有效）
被保险人 同意	原　则	以死亡为给付保险金条件的合同，未经被保险人同意并认可保险金额的，合同无效。（可以书面、口头或其他形式同意；可在合同订立时作出，也可以在合同订立后追认。总之，"同意"没有限制。）
	例　外	父母为其未成年子女投保的人身保险的，无需未成年子女认可。

续表

法院主动审查	法院审理人身保险合同纠纷案件时，应主动审查以死亡为给付保险金条件的合同是否经过被保险人同意并认可保险金额。
转让、质押	按照以死亡为给付保险金条件的合同所签发的保险单，未经被保险人书面同意，不得转让或者质押。

考点 78 ▶ 自杀、故意犯罪

自杀	合同成立2年内－一般自杀	1. 自杀→不给付保险金。保险人应当按照合同约定退还保险单的现金价值。 2. 保险人以被保险人自杀为由拒绝承担给付保险金责任的，由保险人承担举证责任。（是否"自杀"，由保险人举证）	
	2年内－无民自杀	1. 无民事行为能力人自杀→给付保险金。 2. 是否"无民"，由受益人或者被保险人的继承人举证。	
	满2年	合同成立满2年自杀→给付保险金。	
故意犯罪情形	投保人	1. 投保人故意造成被保险人死亡、伤残或者疾病的，保险人不承担给付保险金的责任。 2. 投保人已交足2年以上保险费的，保险人应当按照合同约定向其他权利人退还保险单的现金价值。 3. 其他权利人按照被保险人、被保险人的继承人的顺序确定。	
	受益人	1. 受益人故意杀害被保险人→该受益人丧失受益权。 2. 若无其他受益人，保险金作为被保险人遗产继承。	
	被保险人	犯罪-死亡：有因果关系	1. 被保险人的故意犯罪行为（或抗拒依法采取的刑事强制措施）导致自己死亡、伤残结果→保险人不给付保险金；≥2年保费，退还保险单的现金价值。 2. 保险人应当证明被保险人的死亡、伤残结果与其实施的故意犯罪行为（或抗拒依法采取的刑事强制措施）之间存在因果关系。
		犯罪-死亡：无因果关系	1. 被保险人有故意犯罪行为，但被保险人死亡、伤残结果非因犯罪行为导致（如疾病、意外致死）→给付保险金。 2. 羁押、服刑期间，被保险人因意外或者疾病，造成伤残或者死亡的→给付保险金。

考点 (79) ▶ 人身保险事故的理赔

保险金 的给付	1. 有合格的受益人时，保险金<u>应当支付给受益人</u>。
	2. 无合格受益人时，保险金作为<u>被保险人的遗产</u>。 即，被保险人死亡后，有下列情形之一的，保险金作为<u>被保险人的遗产</u>，由保险人依照《民法典》的规定履行给付保险金的义务： （1）没有指定受益人，或者受益人指定不明无法确定的； （2）受益人先于被保险人死亡，没有其他受益人的； （3）受益人依法丧失受益权或者放弃受益权，没有其他受益人的。 上述被保险人的继承人要求保险人给付保险金，保险人以其已向持有保险单的被保险人的其他继承人给付保险金为由抗辩的，人民法院应予支持。
保险金请求 权可转让	保险事故发生后，<u>受益人</u>可将与本次保险事故相对应的全部或者部分保险金请求权<u>转让给第三人</u>。但根据合同性质、当事人约定或者法律规定不得转让的除外。
推定受益人 死亡在先	受益人与被保险人存在继承关系，在同一事件中死亡且不能确定死亡先后顺序的，<u>推定受益人死亡在先</u>，并按照《保险法》及《保险法解释（三）》的相关规定确定保险金归属。
第三人造成 的人保事故	1. 被保险人因第三者发生保险事故的，保险人向被保险人或者受益人给付保险金后，<u>不享有向第三者追偿的权利</u>。 2. 保险事故发生后，被保险人或者受益人起诉保险人，保险人<u>不得</u>以被保险人或者受益人<u>未要求第三者承担责任</u>为由抗辩。（可直接起诉保险人） <div>无代位求偿权</div>

考点 (80) ▶ 人身保险其他制度

投保人解除 人身保险 合同		1. 投保人解除，<u>无需经被保险人或者受益人同意</u>。 2. 保险人应当自收到解除合同通知之日起 30 日内，退还投保人保险单的现金价值。但，被保险人或者受益人已向投保人支付相当于<u>保险单现金价值的款项</u>并通知保险人的除外。
费用补偿型 的医疗保险	保险人证明	保险人给付费用补偿型的医疗费用保险金时，主张扣减被保险人从<u>公费医疗或者社会医疗保险</u>取得的赔偿金额的，应当证明该保险产品在<u>厘定医疗费用保险费率</u>时已经将公费医疗或者社会医疗保险部分<u>相应扣除</u>，并按照扣减后的标准收取保险费。
	医疗费用	1. 医疗支出<u>超出医保范围→要赔</u>。（即，保险合同<u>约定按照基本医疗保险的标准</u>核定医疗费用，保险人不得以被保险人的<u>医疗支出</u>超出<u>基本医疗保险范围</u>为由拒绝给付保险金）

续表

费用补偿型的医疗保险	医疗费用	2. 费用超出医保费用标准→超出部分不赔。（即，保险人有证据证明被保险人支出的费用超过基本医疗保险同类医疗费用标准，可对超出部分拒绝给付保险金）
	医疗机构	1. 被保险人未在保险合同约定的医疗服务机构接受治疗，保险人可拒绝给付保险金。 2. 但，被保险人因情况紧急必须立即就医的除外。 （未在定点医院→不赔；急救非定点→要赔）
年龄误报		1. 申报的年龄虚假+真实年龄不可保→保险人可解除合同。 2. 申报的年龄虚假+真实年龄可保→①保险人不可解除合同；②投保人补交保险费或将多收的保险费退还投保人。 3. 上述情况，合同超过2年/明知+30日/明知+收取保费/禁反言→不可解除。

练 习 ▶ 判断正误

1. 人身保险中投保人在交纳首期保险费后未按期交纳后续保费，保险人可以立即解除合同。

[答案] 错误。

2. 人身保险合同因为投保人未缴保费效力中止的，保险人在收到复效申请30日内未明确拒绝之日起恢复效力。

[答案] 错误。（合同自投保人补交保险费之日起恢复效力）

3. 杨某为儿子投保，保费约定分期10年付清。在已交足3年保费时，儿子因车祸死亡。杨某在保险合同中指定的受益人杨母已经在此事件发生之前死亡，合同又没约定其他的受益人，则保险公司可以不承担给付保险金的义务。

[答案] 错误。（处理是：保险金作为被保险人的遗产，保险人要履行义务）

4. 小栗子为其妻小板栗购买了某款人身保险，合同成立2年后小板栗自杀，保险公司无需支付保险金。

[答案] 错误。

5. 只要是履行监护职责的人均可为未成年人订立以死亡为给付保险金条件的合同。

[答案] 错误。（原则上限于"父母"）

6. 人身保险合同订立时，投保人指定受益人未经被保险人同意的，该指定行为无效。

[答案] 正确。

7. 订立合同时约定的受益人包括姓名和身份关系，后身份关系发生变化的，根据保险事故发生时与被保险人的身份关系确定受益人。

[答案] 错误。（此种情况，认定为未指定受益人）

8. 被保险人大壮指定子女大毛、二毛、三毛、四毛为受益人，对四方受益人的受益顺序和受益份额均无约定。后四毛声明放弃其受益人份额，对于四毛所放弃的受益人份额由其他三方受益人平均分配。

[答案] 正确。

9. 小栗子于 2000 年为自己投保，约定如其意外身故则由妻子小板栗获得保险金 20 万元，保险期间为 10 年。2009 年 9 月 1 日起小栗子下落不明，2014 年 4 月法院宣告小栗子死亡。则保险公司应承担保险责任。

[答案] 正确。

第30讲   财产保险合同

考点81 ▶ 代位求偿权

第三者造成的财产保险事故

- 一般理赔规则
  - 被保险人未要求第三者承担责任，可要求保险人承担保险责任
  - 第三者赔偿+保险人赔偿：不超过财产损失

- 代位求偿权
  - 保险人自赔偿之日起，在赔偿金额范围内取得代位权（即代位行使被保险人对第三者请求赔偿的权利）
  - 例外，家庭成员（或组成人员）+非故意造成：保险人无代位权
  - 保险人已经获得代位权
    - 未通知或通知到达第三者前，第三者（在保险人赔偿范围内）已经向被保险人作出赔偿→保险人无代位权+被保险人返还保险金
    - 已经通知到第三者，第三者又向被保险人作出赔偿→保险人可主张代位权
  - 被保险人放弃向第三者的求偿权
    - 保险合同订立前，被保险人放弃→保险人就相应部分（放弃部分）无代位权
    - 保险合同订立时，保险人询问是否放弃，投保人未如实告知→导致保险人不能行使代位权，则被保险人返还保险金（但保险人知道或者应当知道上述情形仍同意承保的除外）
    - 事故发生后，保险人赔偿前，被保险人放弃→保险人就放弃部分不承担赔偿责任
    - 赔偿后，被保险人放弃→该放弃行为无效
  - 保险人的代位权，包括被保险人因第三者侵权或者违约等享有的请求赔偿的权利
  - 投保人造成保险事故，保险人可代位行使被保险人对投保人请求赔偿的权利（但法律另有规定或者保险合同另有约定的除外）

- 代位权诉讼
  - 原告
    - 保险人以自己名义行使代位权
    - 如果被保险人已经向第三者提起诉讼，保险人可申请变更当事人
      - 被保险人同意的法院应予准许，保险人为原告
      - 被保险人不同意的，保险人作为共同原告
  - 诉讼时效期限：自取得代位权之日起算
  - 管辖法院：以被保险人与第三者之间的法律关系确定

考点 82 ▶ 保险人解除财保合同

危险增加	1. 保险标的危险程度显著增加的，被保险人应当及时通知保险人。
	2. 未履行通知义务的，因保险标的的危险程度显著增加而发生的保险事故，保险人不承担赔偿保险金的责任。
	3. 被保险人通知的，保险人可以按照合同约定增加保险费或者解除合同。
	4. "危险程度显著增加" （1）应当综合考虑：保险标的的用途、使用范围、所处环境、改装、使用人或者管理人改变、危险程度增加持续的时间等因素； （2）危险程度虽然增加，但增加的危险属于保险合同订立时保险人预见或者应当预见的保险合同承保范围的，不构成危险程度显著增加。
投保人未如实告知	保险人可解除合同。（略）
谎称发生保险事故	1. 保险人有权解除合同，并不退还保险费。 2. 致使保险人支付保险金或者支出费用的，应当退回或者赔偿。
故意制造保险事故	1. 保险人有权解除合同，不承担赔偿或者给付保险金的责任。 2. 致使保险人支付保险金或者支出费用的，应当退回或者赔偿。
编造事故原因、夸大损失程度	1. 保险人无权解除合同，对其虚报的部分不承担赔偿责任。 2. 致使保险人支付保险金或者支出费用的，应当退回或者赔偿。

考点 83 ▶ 费用承担

　　发生财产保险事故后，保险人除了支付损失赔偿金额外，除合同另有约定外，还要负担下列费用：

施救/减损费用	1. 保险事故发生后，被保险人为防止或者减少保险标的的损失所支付的必要的、合理的费用。 2. 上述费用，保险人以被保险人采取的措施未产生实际效果为由抗辩的，法院不予支持。 3. 费用数额在保险标的的损失赔偿金额以外另行计算，最高不超过保险金额的数额。
勘察费用	保险人、被保险人为查明和确定保险事故的性质、原因和损失程度所支付的必要的、合理的费用。
仲裁、诉讼费用	责任保险的被保险人因给第三者造成损害的保险事故而被提起仲裁或者诉讼的，被保险人支付的仲裁或者诉讼费用以及其他必要的、合理的费用。

考点 84 ▶ 责任保险

《保险法》第65、66条;《保险法解释(四)》第14~20条。

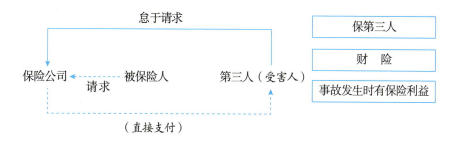

概　念		责任保险,是指被保险人对第三者依法应负的赔偿责任为保险标的。
直接支付	情形1	被保险人对第三者应负的赔偿责任确定的,根据被保险人的请求,保险人应当直接向该第三者赔偿保险金。具体是指: 1. 被保险人对第三者所负的赔偿责任经法院生效裁判、仲裁裁决确认。 2. 被保险人对第三者所负的赔偿责任经被保险人与第三者协商一致。 3. 被保险人对第三者应负的赔偿责任能够确定的其他情形。 上述规定的情形下,保险人主张按照保险合同确定保险赔偿责任的,法院应予支持。
	情形2	1. 被保险人怠于请求的,第三者有权就其应获赔偿部分直接向保险人请求赔偿保险金。 2. "被保险人怠于请求",是指被保险人对第三者应负的赔偿责任确定后,被保险人不履行赔偿责任,且第三者以保险人为被告或者以保险人与被保险人为共同被告提起诉讼时,被保险人尚未向保险人提出直接向第三者赔偿保险金的请求的,可以认定为"被保险人怠于请求"。
共同侵权处理		1. 责任保险的被保险人因共同侵权依法承担连带责任,保险人以该连带责任超出被保险人应承担的责任份额为由,拒绝赔付保险金的,法院不予支持。 2. 保险人承担保险责任后,主张就超出被保险人责任份额的部分向其他连带责任人追偿的,法院应予支持。
先行赔付		1. 保险人在被保险人向第三者赔偿之前,向被保险人赔偿保险金,第三者行使保险金请求权时,保险人以其已向被保险人赔偿为由拒绝赔偿保险金的,法院不予支持。 2. 保险人向第三者赔偿后,请求被保险人返还相应保险金的,法院应予支持。
诉讼问题		1. 商业责任险的被保险人向保险人请求赔偿保险金的诉讼时效期间,自被保险人对第三者应负的赔偿责任确定之日起计算。 2. 费用承担。被保险人支付的仲裁或者诉讼费用以及其他必要的、合理的费用,由保险人承担。

考点 85 ▶ 财产保险其他制度

保险标的转让	1. 保险标的已交付受让人，但尚未依法办理所有权变更登记，承担保险标的的毁损灭失风险的受让人，可主张行使被保险人的权利。 2. 保险人已向投保人提示和明确说明，保险标的转让后，未向受让人提示或者明确说明，保险人的免责条款仍然生效。 3. 继承保险标的的当事人，可承继被保险人的权利和义务。 4. 向保险人发出保险标的的转让通知后，保险人作出答复前，发生保险事故：按照保险合同承担赔偿保险金的责任。 （《保险法解释（四）》第 1~3、5 条）
不足额险	1. 是指，保险金额低于保险价值。 2. 赔偿比例＝保险金额：保险价值。
重复险	1. 是指，投保人对同一保险标的、同一保险利益、同一保险事故分别与两个以上保险人订立保险合同，且保险金额总和超过保险价值的保险。 2. 保险金额总和＞保险价值；但赔偿金额总和不得超过保险价值。 3. 赔偿比例＝保险金额：保险金额总和。

练 习 ▶ 判断正误

1. 小栗子请好友小板栗观赏一件家具，不料小板栗一时大意致其毁损。后得知，小栗子已在萱草保险公司就该家具投保了不足额财产险。小栗子可请求萱草公司赔偿全部损失。

[答案] 错误。（因为是"不足额险"，不用赔偿全部损失）

2. 甲企业向乙保险公司投保了企业财产保险，在保险期间内，甲企业因为火灾导致损失 30 万元，但甲企业申报损失的商品价值为 60 万元。后此事被保险公司查明，保险公司决定解除合同不予赔偿。

[答案] 错误。（不得解除合同，仅是对虚报的部分不赔）

3. 保险人代位求偿权的诉讼时效期间应自其知道或者应当知道保险事故发生时起算。

[答案] 错误。（自其取得……）

第7章 《证券法》《证券投资基金法》

第31讲 发行和交易规则

考点 86 ▶ 证券发行

发行方式	公开发行	1. 有下列情形之一的，为公开发行：①向不特定对象发行证券；②向特定对象发行证券累计超过 200 人，但依法实施员工持股计划的员工人数不计算在内；③其他。 2. 公开发行的证券，应当在：①证券交易所上市交易；②国务院批准的其他全国性证券交易场所交易。
	非公开发行	1. 非公开发行证券，不得采用广告、公开劝诱和变相公开方式。 2. 非公开发行的证券，可以在：①证券交易所；②国务院批准的其他全国性证券交易场所；③按照国务院规定设立的区域性股权市场转让。
发行价格		1. 允许平价发行、溢价发行。（溢价发行的，其发行价格由发行人与承销的证券公司协商确定） 2. 不允许折价发行。
先发行→ 再交易		1. 依法买卖的证券，必须是依法发行并交付的证券。非依法发行的证券，不得买卖。 2. 股票依法发行后，发行人经营与收益的变化，由发行人自行负责。 3. 由此变化引致的投资风险，由投资者自行负责。
首次公开 发行新股 条件		1. 要满足：良好的组织机构+持续经营能力+最近 3 年（账清人正*）+资金符合招募用途。 2. 擅自改变资金用途，未作纠正的，或者未经股东大会认可的，不得公开发行新股。

---

* "账清人正"具体表现为：①最近 3 年财务会计报告被出具无保留意见审计报告；②发行人及其控股股东、实际控制人最近 3 年不存在贪污、贿赂、侵占财产、挪用财产或者破坏社会主义市场经济秩序的刑事犯罪。

考点 87 ▶ 对证券交易的限制

（一）对证券从业人员、服务机构的交易限制

对从业人员的禁限	1. 对证券交易场所、证券公司……以及法律、行政法规规定禁止参与股票交易的其他人员：禁持禁收禁交易。 2. 实施股权激励计划或者员工持股计划的证券公司的从业人员，可以按照国务院证券监督管理机构的规定持有、卖出本公司股票或者其他具有股权性质的证券。
对大股东、董事、高管的限制	持有 5% 以上股份的股东以及董事、监事、高级管理人员（包括其配偶、父母、子女持有的及利用他人账户持有的股票或者其他具有股权性质的证券）： 1. 买入后 6 个月内卖出，或者在卖出后 6 个月内又买入，由此所得收益归该公司所有。 2. 董事会应当收回上述所得收益。董事会不执行的，股东有权要求董事会在 30 日内执行。公司董事会未在上述期限内执行的，股东有权为了公司的利益以自己的名义直接向人民法院提起诉讼。（提示：此为股东代表诉讼） 3. 董事会不执行的，负有责任的董事依法承担连带责任。
对其他主体的禁限	略

（二）禁止的交易行为

> 重点是"内幕"，可影响股票交易价格的，不为人知的信息

禁止内幕交易	主　体	1. 内幕信息的知情人。 2. 非法获取内幕信息的人。 3. 证券交易场所……从业人员、有关监管部门或者行业协会的工作人员。 （具有职务便利）
	时间点	在内幕信息公开前。（敏感期内）
	行　为	禁止从事下列内幕交易行为： 1. 买卖该公司的证券，或者泄露该信息，或者建议他人买卖。 2. 利用职务便利，从事与该信息相关的证券交易活动，或者明示、暗示他人从事相关交易活动。
禁止操纵市场	禁止从事下列操纵市场的行为： 1. 单独或者通过合谋……联合或者连续买卖。　　　重点是"操纵" 2. 与他人串通，以事先约定的时间、价格和方式相互进行证券交易。 3. 在自己实际控制的账户之间进行证券交易。 4. 不以成交为目的，频繁或者大量申报并撤销申报。 5. 利用虚假或者不确定的重大信息，诱导投资者进行证券交易。 6. 对证券、发行人公开作出评价、预测或者投资建议，并进行反向证券交易。（反向交易） 7. 其他。（略）	

续表

禁止编造、传播虚假信息	任何人	禁止任何单位和个人：编造、传播虚假信息或者误导性信息，扰乱证券市场。
	从业人员	禁止证券交易所……从业人员、有关监管部门或者行业协会的工作人员：在证券交易活动中作出虚假陈述或者信息误导。
	媒体人员	传播媒介及其从事信息报道的工作人员：不得从事与其工作职责发生利益冲突的证券买卖。
禁止欺诈客户	主　体	证券公司及其从业人员。
	行　为	禁止从事下列损害客户利益的行为：　　掌握"客户"两字即可判断 1. 违背客户的委托为其买卖证券。 2. 不在规定时间内向客户提供交易的确认文件。 3. 未经客户的委托，擅自为客户买卖证券，或者假借客户的名义买卖证券。 4. 为牟取佣金收入，诱使客户进行不必要的证券买卖。 5. 其他违背客户真实意思表示，损害客户利益的行为。
责　任		给投资者造成损失的，应当依法承担赔偿责任。

考点88 ▶ 上市公司的要约收购

时间点	收购规则	收购后果	法律责任
5%	1. 持有一个上市公司已发行的有表决权股份达到5%时。 2. 该事实发生之日起3日内（向证监会、证交所）书面报告+通知该上市公司+公告+上述期限内不得再行买卖该上市公司的股票。	1. 收购期限届满，被收购公司股权分布不符合上市交易要求的→终止上市交易。（其余股东，有权向收购人以收购要约的同等条件出售其股票，收购人应当收购） 2. 被收购公司不再具备股份有限公司条件的→应当依法变更企业形式。 3. 收购人持有的被收购的上市公司的股票，在收购行为完成后的18个月内不得转让。	收购人及其控股股东、实际控制人利用上市公司收购，给被收购公司及其股东造成损失的，应当依法承担赔偿责任。
增减5%	1. 达到5%后： （1）每增加或者减少5%，应当依照前款规定进行报告和公告，在该事实发生之日起至公告后3日内，不得再行买卖该上市公司的股票。（但国务院证券监督管理机构规定的情形除外） （2）每增加或者减少1%，应当在该事实发生的次日通知该上市公司，并予公告。 2. 违反上述规定买入上市公司有表决权的股份的，在买入后的36个月内，对该超过规定比例部分的股份不得行使表决权。		
30%	1. 达到30%时，继续进行收购的： （1）向所有股东发出收购上市公司全部或者部分股份的要约。		

时间点	收购规则	收购后果	法律责任
30%	（2）收购要约提出的各项收购条件，适用于被收购公司的所有股东。（上市公司发行不同种类股份的，收购人可以针对不同种类股份提出不同的收购条件） 2. 收购期限 （1）30 日~60 日； （2）在承诺期限内，收购人不得撤销其收购要约；（收购人可变更收购要约） （3）在收购期限内，收购人不得卖出被收购公司的股票，也不得采取要约规定以外的形式和超出要约的条件买入被收购公司的股票。	——	——

考点 89 ▶ 信息披露

（一）报告制度

依法信息披露	发行人及其他信息披露义务人，应当及时依法履行信息披露义务。具体规则为： 1. 应当同时向所有投资者披露，不得提前向任何单位和个人泄露。 2. 任何单位和个人不得非法要求信息披露义务人提供依法需要披露但尚未披露的信息。 3. 任何单位和个人提前获知的前述信息，在依法披露前应当保密。	
自愿信息披露	自愿披露的信息，不得与依法披露的信息相冲突，不得误导投资者。	
公开承诺信息披露	发行人及其控股股东、实际控制人、董事、监事、高级管理人员等作出公开承诺的，应当披露。不履行承诺给投资者造成损失的，应当依法承担赔偿责任。	
定期报告	中期报告	在每一会计年度的上半年结束之日起 2 个月内，报送并公告中期报告。（7 月 1 日~8 月 31 日）
	年度报告	在每一会计年度结束之日起 4 个月内，报送并公告年度报告，其中的年度财务会计报告应当经符合本法规定的会计师事务所审计。（1 月 1 日~4 月 30 日）
董监高的义务	1. 董事、高级管理人员应当……签署书面确认意见。 2. 监事会应当……进行审核并提出书面审核意见。监事应当签署书面确认意见。 3. 董事、监事和高级管理人员无法保证证券发行文件和定期报告内容的真实性、准确性、完整性或者有异议的，应当在书面确认意见中发表意见并陈述理由，发行人应当披露。发行人不予披露的，董事、监事和高级管理人员可以直接申请披露。	
临时报告	略	

（二）虚假信息披露的法律责任

事　由	\multicolumn{2}{c}{1. 未按照规定披露信息。 2. 信息披露资料存在虚假记载、误导性陈述或者重大遗漏。 3. 投资者在证券交易中遭受损失。}
责任承担	无过错责任	信息披露义务人应当承担赔偿责任。
	过错责任	1. 发行人的控股股东、实际控制人、董事、监事、高级管理人员和其他直接责任人员+保荐人、承销的证券公司及其直接责任人员→应当与发行人承担连带赔偿责任，但是能够证明自己没有过错的除外。 2. 证券服务机构为证券的发行、上市、交易等证券业务活动制作、出具审计报告及其他鉴证报告、资产评估报告、财务顾问报告、资信评级报告或者法律意见书等文件……其制作、出具的文件有虚假记载、误导性陈述或者重大遗漏，给他人造成损失的，应当与委托人承担连带赔偿责任，但是能够证明自己没有过错的除外。
	先行赔付	发行人因欺诈发行、虚假陈述或者其他重大违法行为给投资者造成损失的： 1. 发行人的控股股东、实际控制人、相关的证券公司可以委托投资者保护机构，就赔偿事宜与受到损失的投资者达成协议，予以先行赔付。 2. 先行赔付后，可以依法向发行人以及其他连带责任人追偿。

考点90 ▶ 投资者保护

投资者–证券公司	1. 证券公司……如实说明证券、服务的重要内容，充分揭示投资风险；销售、提供与投资者上述状况相匹配的证券、服务。 2. 证券公司违反上述规定导致投资者损失的，应当承担相应的赔偿责任。 3. 投资者拒绝提供或者未按照要求提供信息的，证券公司应当告知其后果，并按照规定拒绝向其销售证券、提供服务。 4. 普通投资者与证券公司发生纠纷的，证券公司应当证明其行为符合法律、行政法规以及国务院证券监督管理机构的规定，不存在误导、欺诈等情形。证券公司不能证明的，应当承担相应的赔偿责任。 5. 普通投资者与证券公司发生证券业务纠纷，普通投资者提出调解请求的，证券公司不得拒绝。
征集人*	1. 征集股东权利的，征集人应当披露征集文件，上市公司应当予以配合。 2. 禁止以有偿或者变相有偿的方式公开征集股东权利。

* 《证券法》第90条第1款　上市公司董事会、独立董事、持有1%以上有表决权股份的股东或者依照法律、行政法规或者国务院证券监督管理机构的规定设立的投资者保护机构（以下简称投资者保护机构），可以作为征集人，自行或者委托证券公司、证券服务机构，公开请求上市公司股东委托其代为出席股东大会，并代为行使提案权、表决权等股东权利。

征集人	3. 公开征集股东权利违反法律、行政法规或者国务院证券监督管理机构有关规定，导致上市公司或者其股东遭受损失的，应当依法承担赔偿责任。
股息分配	1. 在章程中明确分配现金股利的具体安排和决策程序，依法保障股东的资产收益权。 2. 上市公司当年税后利润，在弥补亏损及提取法定公积金后有盈余的，应当按照公司章程的规定分配现金股利。
投资者保护机构	1. 投资者与发行人、证券公司等发生纠纷的，双方可以向投资者保护机构申请调解。 2. 投资者保护机构对损害投资者利益的行为，可以依法支持投资者向人民法院提起诉讼。 3. 发行人的董事、监事、高级管理人员执行公司职务时……侵犯公司合法权益给公司造成损失，投资者保护机构持有该公司股份的，可以为公司的利益以自己的名义向人民法院提起诉讼，持股比例和持股期限不受《公司法》规定的限制。 4. 投资者保护机构受50名以上投资者委托，可以作为代表人参加诉讼，并为经证券登记结算机构确认的权利人依照相关规定向人民法院登记，但投资者明确表示不愿意参加该诉讼的除外。
民事赔偿	1. 民事赔偿责任和缴纳罚款、罚金、违法所得，违法行为人的财产不足以支付的，优先用于承担民事赔偿责任。 2. 投资者提起虚假陈述等证券民事赔偿诉讼时，诉讼标的是同一种类，且当事人一方人数众多的，可以依法推选代表人进行诉讼。

考点91▶ 其他规则

证券交易所	1. 证券交易所不得允许非会员直接参与股票的集中交易。 2. 证券交易即时行情的权益由证券交易所依法享有。未经证券交易所许可，任何单位和个人不得发布证券交易即时行情。 3. 因不可抗力等突发性事件而影响证券交易正常进行时，证券交易所可采取：技术性停牌、临时停市、取消交易、通知证券登记结算机构暂缓交收等措施。 4. 证券交易所对其依照上述规定采取措施造成的损失，不承担民事赔偿责任，但存在重大过错的除外。
证券公司	1. 证券公司禁止业务混合操作。 （1）自营业务→不得假借他人名义或者以个人名义进行；不得将其自营账户借给他人使用。 （2）经纪业务→不得接受客户的全权委托；不得对客户收益或者损失作出承诺；不得私下接受客户委托买卖证券。
	2. 从业人员执行所属的证券公司的指令或者利用职务违反交易规则的，由所属的证券公司承担全部责任。
行政措施	1. 被调查的当事人书面申请，承诺……纠正涉嫌违法行为，赔偿有关投资者损失，消除损害或者不良影响的，国务院证券监督管理机构可以决定中止调查。

续表

行政措施	2. 履行承诺的，国务院证券监督管理机构可以决定终止调查。 3. 未履行承诺或者有国务院规定的其他情形的，应当恢复调查。具体办法由国务院规定。 4. 境外证券监督管理机构不得在中国境内直接进行调查取证等活动。 5. 未经……同意，任何单位和个人不得擅自向境外提供与证券业务活动有关的文件和资料。

第32讲 证券投资基金法

考点92 ▶ 基金的分类、管理

	封闭式基金	封闭式基金，是指基金份额总额在基金合同期限内固定不变，基金份额持有人不得申请赎回的基金。
依据基金的运作方式	开放式基金	1. 是指基金份额总额不固定，基金份额可以在基金合同约定的时间和场所申购或者赎回的基金。 2. 应当保持足够的现金或者政府债券，以备支付基金份额持有人的赎回款项。具体比例，由证监会规定。
	2/3 以上表决权	下列事项应当经参加大会的基金份额持有人所持表决权的2/3以上通过： 1. 转换基金的运作方式。 2. 更换基金管理人或者基金托管人。 3. 提前终止基金合同。 4. 与其他基金合并。
依据基金的募集方式	公募基金	1. 公开募集基金，包括向不特定对象募集资金、向特定对象募集资金。累计超过200人，以及其他情形。公开募集基金，应当经证监会注册。未经注册，不得公开或者变相公开募集基金。 2. 公开募集基金的基金管理人，及其董事……其他从业人员不得有下列行为： （1）将其固有财产或者他人财产混同于基金财产从事证券投资； （2）不公平地对待其管理的不同基金财产； （3）利用基金财产或者职务之便为基金份额持有人以外的人牟取利益； （4）向基金份额持有人违规承诺收益或者承担损失； （5）侵占、挪用基金财产； （6）泄露因职务便利获取的未公开信息、利用该信息从事或者明示、暗示他人从事相关的交易活动； （7）玩忽职守，不按照规定履行职责； （8）禁止的其他行为。

续表

依据基金的募集方式	公募基金	3.（公募）基金财产应当用于下列投资：①上市交易的股票、债券；②国务院证券监督管理机构规定的其他证券及其衍生品种。
		4.（公募）基金财产不得用于下列投资或者活动：①承销证券；②违反规定向他人贷款或者提供担保；③从事承担无限责任的投资；④买卖其他基金份额，但是国务院证券监督管理机构另有规定的除外；⑤向基金管理人、基金托管人出资；⑥从事内幕交易、操纵证券交易价格及其他不正当的证券交易活动。
	非公募基金	1.应当向合格投资者募集，合格投资者累计不得超过200人。 2.不得向合格投资者之外的单位和个人募集资金；不得通过报刊、电台、电视台、互联网等公众传播媒体或者讲座、报告会、分析会等方式向不特定对象宣传推介。 3.基金份额持有人对涉及自身利益的情况，有权查阅基金的财务会计账簿。 4.收益分配和风险承担由基金合同约定。 5.募集完毕，基金管理人应当向基金行业协会备案。 6.非公开募集基金财产的证券投资，包括买卖公开发行的股份有限公司股票、债券、基金份额，以及国务院证券监督管理机构规定的其他证券及其衍生品种。
基金协会		基金行业协会，是证券投资基金行业的自律性组织，是社会团体法人。
		1.基金管理人、基金托管人应当加入基金行业协会，基金服务机构可以加入基金行业协会。 2.制定行业执业标准和业务规范，组织基金从业人员的从业考试、资质管理和业务培训。 3.办理非公开募集基金的登记、备案。
证监会		1.办理公募基金备案。 2.制定基金从业人员的资格标准和行为准则，并监督实施。 3.指导和监督基金行业协会的活动。

练 习 ▶ 判断正误

1. 小栗子手头有一笔闲钱欲炒股，因对炒股不熟便购买了某证券投资基金。小栗子作为基金份额持有人享有可通过基金份额持有人大会来更换基金管理人的权利。

答案 正确。

2. 萱草基金管理公司是萱萱证券投资基金（萱萱基金）的基金管理人。该公司从事证券投资时，将萱萱基金的财产独立于自己固有的财产符合法律规定。

答案 正确。

3. 基金托管人与基金管理人不得为同一机构，不得相互出资或者持有股份。

答案 正确。

第8章　竞争法

第33讲　反垄断法

考点 93 ▶ 垄断协议

横向垄断协议	1. 同行间达成的垄断协议。 2. 行为方式：限价限量限技术；分割市场和抵制。
纵向垄断协议	1. 经营者与交易相对人间达成的垄断协议。 2. 行为方式：固定向第三人转售商品的价格；限定向第三人转售商品的最低价格。
垄断协议的 豁免条款	1. 国内市场：小企业产能过剩*+不排限+消费者可得好处。 2. 涉外：保障外贸和对外经济合作中的正当利益，经营者达成的协同一致的协议，合法。
行业协会	1. 不得组织本行业的经营者从事本法禁止的垄断行为。 2. 行业协会组织本行业的经营者达成垄断协议的→可以处50万元以下的罚款；情节严重的，社会团体登记管理机关可以依法撤销登记。

---

* "小企业产能过剩"是对下列第15条"不构成垄断协议"内容的概括。

《反垄断法》第15条　经营者能够证明所达成的协议属于下列情形之一的，不适用本法第13条、第14条的规定：

（一）为改进技术、研究开发新产品的；

（二）为提高产品质量、降低成本、增进效率，统一产品规格、标准或者实行专业化分工的；

（三）为提高中小经营者经营效率，增强中小经营者竞争力的；

（四）为实现节约能源、保护环境、救灾救助等社会公共利益的；

（五）因经济不景气，为缓解销售量严重下降或者生产明显过剩的；

（六）为保障对外贸易和对外经济合作中的正当利益的；

（七）法律和国务院规定的其他情形。

属于前款第1项至第5项情形，不适用本法第13条、第14条规定的，经营者还应当证明所达成的协议不会严重限制相关市场的竞争，并且能够使消费者分享由此产生的利益。

续表

垄断协议的法律责任	行政法律责任	1. 达成并实施→责令停止违法行为+没收违法所得+并处上一年度销售额1%以上10%以下的罚款。 2. 未实施→可以处50万元以下的罚款。 3. 报告+提供重要证据→可以酌情减轻或者免除。 4. 承诺采取措施消除垄断的：中止调查；履行承诺的：终止调查。
	民事法律责任	1. 被诉垄断行为属于横向垄断协议的，被告应对该协议不具有排除、限制竞争的效果承担举证责任。（被告，即实施垄断协议的经营者） 2. 被告承担停止侵害、赔偿损失等民事责任。原告因调查、制止垄断行为所支付的合理开支计入损失赔偿范围。
典型案例		1. 纵向垄断——茅台酒厂"限价令"。 2. 横向垄断——"康师傅"等方便面厂家联合涨价。 3. 旅游行业协会统一景点收费、分配。

练 习 ▶ 判断正误

1. 板栗园风景区多家旅行社共同签订《关于加强服务协同提高服务水平的决定》，约定了统一的收费方式、服务标准和收入分配方案。如果经营者之间的协议有利于提高行业服务质量和经济效益，就不违背《反垄断法》。

答案 错误。（判断依据是"是否具有排除、限制竞争的效果"，而非单纯以"提高经济效益""提高服务质量"为标准）

2. 小栗子品牌白酒市场份额较大且知名度较高，生产商召集经销商开会，令其不得低于限价进行销售，对违反者将扣除保证金、减少销售配额直至取消销售资格。该行为属于滥用市场支配地位。

答案 错误。（构成纵向垄断协议行为）

3. 某省板栗市旅游协会为防止零团费等恶性竞争，召集当地旅行社商定对游客统一报价，并根据各旅行社所占市场份额，统一分配景点返佣、古城维护费返佣等收入。旅游协会的行为属于正当的行业自律行为。

答案 错误。（经营者构成垄断协议，所以旅游协会的"组织"行为违法）

考点 94 ▶ 其他垄断行为

滥用市场支配地位	1. 市场支配地位本身，并不被反垄断法禁止。 2. 滥用行为包括：垄断价格/亏本销售/拒绝交易/强制交易/搭售/差别待遇。 3. "市场支配地位"的认定标准—该经营者+其他经营者+其他因素。

续表

[因素1] 该经营者	[因素2] 其他经营者	其他因素
1. 该经营者在相关市场的市场份额，以及相关市场的竞争状况。 2. 该经营者控制销售市场或者原材料采购市场的能力。 3. 该经营者的财力和技术条件。	1. 其他经营者对该经营者在交易上的依赖程度。 2. 其他经营者进入相关市场的难易程度。	在民事诉讼中，原告可以以被告对外发布的信息作为证明其具有市场支配地位的证据。但有相反证据足以推翻的除外。

"市场支配地位"的推定标准——市场份额。即有下列情形之一的，可以推定经营者具有市场支配地位。

单个经营者	联合经营者
（1→1/2）即1个经营者在相关市场的市场份额达到1/2的，推定为市场支配地位。	（2→2/3）2个经营者在相关市场的市场份额合计达到2/3的。 （3→3/4）3个经营者在相关市场的市场份额合计达到3/4的。 在上述合计情形下，其中有的经营者市场份额不足1/10的，不应当推定该经营者具有市场支配地位。

被推定具有市场支配地位的经营者，有证据证明不具有市场支配地位的，不应当认定其具有市场支配地位。

法律责任：

（1）被诉垄断行为属于滥用市场支配地位的，原告应当对被告在相关市场内具有支配地位和其滥用市场支配地位承担举证责任。被告以其行为具有正当性为由进行抗辩的，应当承担举证责任。

（2）被告承担停止侵害、赔偿损失等民事责任。原告因调查、制止垄断行为所支付的合理开支计入损失赔偿范围。

（滥用市场支配地位）

经营者集中

1. 经营者集中，包括：①经营者合并；②经营者……取得对其他经营者的控制权；③经营者……或者对其他经营者施加决定性影响。

2. 经营者集中达到国务院规定的申报标准的，经营者应当事先向国务院反垄断执法机构申报，未申报的不得实施集中。

3. 审查期间，经营者不得实施集中。

4. 审查是否构成"经营者集中"应当多方衡量：①经营者的相关情况，如他对相关市场的市场份额、对市场的控制力、对消费者的影响等；②还包括相关市场的市场集中度等。

5. 申报的例外。经营者集中有下列情形之一的，可以不申报：

（1）参与集中的一个经营者拥有其他每个经营者50%以上有表决权的股份或者资产的（≥50%）。即，已经形成控制与被控制关系的经营者之间的集中，不用申报。

（2）参与集中的每个经营者50%以上有表决权的股份或者资产被同一个未参与集中的经营者拥有的（≥50%）。即，受同一经营者控制的经营者集中，不用申报。

6. 对经营者集中审查结果不服的，先复议再诉讼。

续表

	主体	1. 行政机关（仅不包括中央政府）。 2. 具有管理公共事务职能的组织。
滥用行政权力排除、限制竞争行为	行为方式	1. 强制交易（或称为"限定经营"）。 2. 限制商品自由流通（歧视性收费项目/收费标准/价格/技术措施/行政许可；设置关卡）。 3. 招标投标、投资或设立分支机构中的"排限"。 4. 强制经营者从事垄断行为。 5. 行政机关制定"排限"的规定。
	行政机关法律责任	1. 由上级机关责令改正；对直接负责的主管人员和其他直接责任人员依法给予处分。 2. 反垄断执法机构提出处理建议。

练 习 ▶ 判断正误

1. 根据《反垄断法》的规定，反垄断执法机构执法时应界定该公司所涉相关市场。

答案 正确。（反垄断执法机构执法时应界定该公司所涉相关市场，这是对是否构成垄断进行分析的起点）

2. 根据《反垄断法》规定，经营者集中实行事前申报制，但允许在实施集中后补充申报。

答案 错误。（不允许事后补充申报）

3. 对经营者集中审查结果不服的，可以直接向有管辖权的法院提起诉讼。

答案 错误。（先复议再诉讼）

4. 经营者可以依据管理层对于商业环境的预判自行决定是否实施经营者集中。

答案 错误。（达到申报标准的，应当事先向国务院反垄断执法机构申报）

5. 某县政府规定：施工现场不得搅拌混凝土，只能使用预拌的商品混凝土。该规定属于行政垄断行为。

答案 错误。（某县政府的规定并未体现"排除竞争、限制竞争"，不构成垄断）

第34讲　反不正当竞争法

考点 95 ▶ 不正当竞争行为

兜底	经营者在生产经营活动中，应当遵循自愿、平等、公平、诚信的原则，遵守法律和商业道德。

续表

混淆行为		1. 不得擅自使用与他人有一定影响的：①商品名称、包装、装潢等相同或者近似的标识；②企业名称（包括简称、字号等）、社会组织名称（包括简称等）、姓名（包括笔名、艺名、译名等）；③域名主体部分、网站名称、网页等。（三名称：商品名+企业名+域名） 2. 其他足以引人误认为是他人商品或者与他人存在特定联系的混淆行为。
商业贿赂		1. 经营者不得采用财物或者其他手段贿赂下列单位或者个人，以谋取交易机会或者竞争优势，贿赂：①交易方；②受委托方；③职权方。 2. 明示方式+双方如实入账：是正当交易。 3. 经营者的工作人员进行贿赂的，应当认定为经营者的行为。（可反证）
虚假宣传		1. 不得对其商品的性能、功能、质量、销售状况、用户评价、曾获荣誉等作虚假或者引人误解的商业宣传，欺骗、误导消费者。 2. 不得通过组织虚假交易等方式，帮助其他经营者进行虚假或者引人误解的商业宣传。
侵犯商业秘密	概念	商业秘密=不为公众所知悉+具有商业价值+权利人采取相应保密措施+商业信息（技术信息、经营信息）。
	经营者的侵权	（获取、披露、使用、帮助） 1. 以盗窃、贿赂、欺诈、胁迫、电子侵入或者其他不正当手段获取权利人的商业秘密。 2. 披露、使用或者允许他人使用以前项手段获取的权利人的商业秘密。 3. 违反保密义务或者违反权利人有关保守商业秘密的要求，披露、使用或者允许他人使用其所掌握的商业秘密。 4. 教唆、引诱、帮助他人违反保密义务或者违反权利人有关保守商业秘密的要求，获取、披露、使用或者允许他人使用权利人的商业秘密。
	其他人	经营者以外的其他自然人、法人和非法人组织实施前款所列违法行为的，视为侵犯商业秘密。
	新用人单位	第三人明知或者应知商业秘密权利人的员工、前员工或者其他单位、个人实施上述违法行为，仍获取、披露、使用或者允许他人使用该商业秘密的，视为侵犯商业秘密。
	举证责任	在侵犯商业秘密的民事审判程序中，商业秘密权利人提供初步证据，证明其已经对所主张的商业秘密采取保密措施，且合理表明商业秘密被侵犯，涉嫌侵权人应当证明权利人所主张的商业秘密不属于本法规定的商业秘密。
网络不正当竞争		1. 未经其他经营者同意，在其合法提供的网络产品或者服务中，插入链接、强制进行目标跳转。 2. 误导、欺骗、强迫用户修改、关闭、卸载其他经营者合法提供的网络产品或者服务。 3. 恶意对其他经营者合法提供的网络产品或者服务实施不兼容。 4. 其他。

续表

非法有奖销售	下列有奖销售构成不正当竞争行为： 1. 有奖销售信息不明确，影响兑奖。 2. 谎称有奖或者故意让内定人员中奖的欺骗方式进行有奖销售。 3. 抽奖式的有奖销售，最高奖的金额超过 5 万元。	
诋毁商誉	不得编造传播虚假信息或误导性信息，损害竞争对手的商业信誉、商品声誉。	
赔偿数额	一般行为	1. 按照其因被侵权所受到的实际损失确定。 2. 实际损失难以计算的，按照侵权人因侵权所获得的利益确定。 3. 经营者恶意实施侵犯商业秘密行为，情节严重的，可以在按照上述方法确定数额的 1 倍以上 5 倍以下确定赔偿数额。 4. 赔偿数额还应当包括经营者为制止侵权行为所支付的合理开支。
	法定赔偿	经营者因实施"混淆行为、侵犯商业秘密"不正当竞争行为，权利人因被侵权所受到的实际损失、侵权人因侵权所获得的利益难以确定的，由法院根据侵权行为的情节判决给予权利人 500 万元以下的赔偿。

练 习 ▶ 判断正误

1. 糖栗子贡茶店开业之初，为扩大影响，出钱雇人排队抢购，成为红极一时的网红店。该贡茶店的行为是正当营销。

[答 案] 错误。

2. 擅自使用他人有一定影响的企业简称导致被认为与他人存在特定联系构成混淆行为。

[答 案] 正确。

第9章　消费者法

第㉟讲　消费者权益保护法

考点96▶ 消费者权利、经营者义务、争议处理

消费者	1. 个人+限于为生活消费需要。 2. 例外：农民购买、使用直接用于农业生产的生产资料（如化肥种子），参照《消费者权益保护法》执行。
消费者的权利	1. 公平交易权。消费者……有权获得质量保障、价格合理、计量正确等公平交易条件，有权拒绝经营者的强制交易行为。 2. 安全保障权。消费者……人身、财产安全不受损害的权利。 3. 自主选择权。消费者在自主选择商品或者服务时，有权进行比较、鉴别和挑选。 4. 知情权。 5. 其他权利。（包括结社权、获取赔偿权、获得相关知识权、受尊重权、监督批评权）
经营者的义务	1. 宾馆、商场……经营场所的经营者，应当对消费者尽到安全保障义务。 （1）宾馆、商场……未尽到安全保障义务，造成他人损害的，应当承担侵权责任。 （2）因第三人的行为造成他人损害的，由第三人承担侵权责任；管理人或者组织者未尽到安全保障义务的，承担相应的补充责任。
	2. 缺陷产品的召回义务 （1）经营者发现其提供的商品或者服务存在缺陷：立即向有关行政部门报告+告知消费者+停止销售、警示、召回、无害化处理、销毁、停止生产或者服务； （2）经营者应当承担消费者因商品被召回支出的必要费用； （3）对缺陷产品，行政部门责令召回。
	3. 耐用品+6个月→经营者承担瑕疵举证责任。
	4. 对消费者个人信息：明示+同意+保密+禁发垃圾信息。
	5. 无理由退货 （1）消费者：①自收到商品之日起7日内退货，且无需说明理由；②退货的商品应当完好；③退回商品的运费由消费者承担；④经营者和消费者另有约定的，按照约定。（运费自担）

续表

经营者的义务	（2）经营者：自收到退回商品之日起7日内返还商品价款。（7日退钱） （3）不允许无理由退货的商品：①消费者定作的；②鲜活易腐的；③在线下载或者消费者拆封的音像制品、计算机软件等数字化商品；④交付的报纸、期刊；⑤除前述所列商品外，其他根据商品性质并经消费者在购买时确认不宜退货的商品，不适用无理由退货。 **总结**：网络购物有风险；退货运费要自担；退货退款均7日；5类退货要理由。	
消费纠纷	一般规则	1. 消费者……其合法权益受到损害的，可以向销售者或者服务者要求赔偿。 2. 经营者先行赔付。
	网购纠纷	网站明知+未采取措施→连带。需要同时满足下列条件：①网络交易平台提供者明知或者应知销售者或者服务者利用其平台侵害消费者合法权益；②网络交易平台提供者未采取必要措施的，依法与该销售者或者服务者承担连带责任。
	虚假广告纠纷	生命健康商品+虚假广告+消费者损害→广告经营者等+虚假广告中的推荐的组织、个人+商品经营者连带责任。
	欺诈的处理	经营者有欺诈行为的……增加赔偿的金额为消费者购买商品的价款或者接受服务的费用的3倍；增加赔偿的金额不足500元的，为500元。法律另有规定的，依照其规定。（《食品安全法》另有规定） （退一赔三，500保底）
		今年特别关注：经营口罩、护目镜、防护服、消毒液等防疫物品，存在欺诈行为的，适用惩罚性赔偿。
	故意侵权	经营者故意侵权的加重责任： 1. 明知+缺陷+严重后果。即，经营者明知商品或者服务存在缺陷，仍然向消费者提供，造成消费者或者其他受害人死亡或者健康严重损害的。 2. 赔偿损失+2倍损失惩罚性赔偿。
公益诉讼	群体纠纷+中/省消协。	
典型案例	能否认定为"欺诈"？豪车车主要求"退一赔三"案。	

练 习 ▶ 判断正误

1. 糖栗子从萱草网店购买一套汽车坐垫。货到拆封后，糖栗子因不喜欢其花色款式，多次与网店交涉要求退货。网店表示客户下单时网店曾提示"一经拆封，概不退货"，故对已拆封商品不予退货，该网店行为符合法律规定。

〔答案〕错误。（汽车坐垫，不属于"根据商品性质不能无理由退货的商品"）

2. 萱草公司发现其出产的栗子牌汽车存在安全气囊无法打开的问题，向全世界范围内宣布召回，该品牌汽车回厂所有运费由购买者承担。

〔答案〕错误。（经营者应当承担消费者因商品被召回支出的必要费用）

第36讲　产品质量法

考点97 ▶ 产品质量监督

产品标识	1. 有产品质量检验合格证明。 2. 有中文标明的产品名称、生产厂厂名和厂址。 3. 有警示标志或者中文警示说明。 4. （限期使用的产品）有生产日期和安全使用期或者失效日期。 5. 裸装的食品和其他根据产品的特点难以附加标识的裸装产品，可以不附加产品标识。
抽　　查	1. 对象：①对可能危及人体健康和人身、财产安全的产品；②重要工业产品；③消费者等反映有质量问题的产品。 2. 随机抽取。 3. 禁止重复抽查。（国家监督抽查的产品，地方不得另行重复抽查；上级监督抽查的产品，下级不得另行重复抽查）
禁止推荐	1. 市场监督管理部门、其他国家机关、产品质量检验机构不得向社会推荐生产者的产品。 2. 不得以对产品进行监制、监销等方式参与产品经营活动。
中介机构	从事产品质量检验、认证的社会中介机构，不得与行政机关和其他国家机关存在隶属关系或者其他利益关系。

考点98 ▶ 产品质量责任

违约问题	1. 可追究直接销售者的责任。 2. 生产者之间、销售者之间、生产者与销售者之间订立的买卖合同、承揽合同有不同约定的，合同当事人按照合同约定执行。（但对消费者而言，是销售者承担违约责任） 3. 承担违约责任方式：修理、更换、退货。 4. 对于已告知的瑕疵，销售者可以免责。
侵权责任	因产品存在缺陷造成人身、他人财产损害的，生产者应当承担赔偿责任。
	1. 必须是"缺陷"产品。
	2. 生产者：无过错责任。（严格责任） （1）生产者免责情况：①未将产品投入流通的；②投入流通时，引起损害的缺陷尚不存在的；③投入流通时的科学技术水平尚不能发现缺陷存在。 （2）产品投入流通后发现存在缺陷的，生产者、销售者应当及时采取警示、召回等补救措施。未及时采取补救措施或者补救措施不力造成损害的，应当承担侵权责任。

续表

侵权责任	3. 销售者 （1）因销售者的过错使产品存在缺陷，造成他人损害的，销售者应当承担侵权责任； （2）销售者不能指明缺陷产品的生产者也不能指明缺陷产品的供货者的，销售者应当承担侵权责任。
	4. 受害人可以向生产者要求赔偿，也可以向销售者要求赔偿。
连带责任	社会团体、社会中介机构对产品质量作出承诺、保证，而该产品又不符合其承诺、保证的质量要求，给消费者造成损失的，与产品的生产者、销售者承担连带责任。

练 习 ▶ 判断正误

1. 质检部门对电高压锅进行抽查，可向厂家或商家收取检验费。

［答案］错误。

2. 萱草家具店出售的衣柜，如未被恰当地固定到墙上，可能发生因柜子倾倒致人伤亡的危险。该柜本身或其包装上应有警示标志或者中文警示说明。

［答案］正确。

3. 小栗子从商场购买了萱草公司生产的高压锅，烹饪时爆炸致其受伤。如高压锅未被认定为缺陷产品则萱草公司不承担赔偿责任。

［答案］正确。（产品有缺陷，商家厂家才承担赔偿责任）

第37讲　食品安全法

考点99 ▶ 食品标准、召回规则

食品标准	1. 食品安全标准是强制执行的标准。 2. 食品安全风险评估结果是制定、修订食品安全标准和实施食品安全监督管理的科学依据。 3. 对地方特色食品，没有食品安全国家标准的，省级卫生行政部门可以制定食品安全地方标准；报国务院卫生行政部门备案。 4. 食品安全国家标准制定后，该地方标准即行废止。 5. 国家鼓励食品生产企业制定严于食品安全国家标准或者地方标准的企业标准。
食品召回	1. 不符合食品安全标准，或者有证据证明可能危害人体健康的，应当召回。 2. 食品生产者……应当召回……通知……并记录召回和通知情况。 3. 食品经营者的原因造成其经营的食品有上述规定情形的，食品经营者应当召回。

续表

食品召回	4. 未依照规定召回或者停止经营的，县级以上食品安全监督管理部门可以责令其召回或者停止经营。（强制召回） 5. 但是，对因标签、标志或者说明书不符合食品安全标准而被召回的食品，食品生产者在采取补救措施且能保证食品安全的情况下可以继续销售；销售时应当向消费者明示补救措施。（即，非食品本身问题可再次销售）
行政监管	1. 职权部门禁止推荐食品。（食品安全监督管理部门和其他有关部门、食品检验机构、食品行业协会，不得以广告或者其他形式向消费者推荐食品） 2. 消费者组织禁止盈利推荐。（消费者组织不得以收取费用或者其他牟取利益的方式向消费者推荐食品）
	3. 食品不得免检。采取抽样检验，检验不收费。
	4. 食品安全信息统一公布。
	5. 食品安全风险警示信息；重大食品安全事故及其调查处理信息：①不限于特定区域→由国家食品安全监督管理总局公布；②限于特定区域→由省级食安监督局公布。
	6. 食品和食品添加剂与其标签、说明书的内容不符的，不得上市销售。
	7. 对农作物的管理 （1）执行农业投入品使用安全间隔期、休药期； （2）不得使用国家明令禁止的农业投入品； （3）禁止将剧毒、高毒农药用于蔬菜、瓜果、茶叶和中草药材等。
	8. 网络食品交易第三方平台提供者 （1）对入网食品经营者进行实名登记； （2）依法应当取得许可证的，还应当审查其许可证。
	9. 食品添加剂。（略）

考点 100 ▶ 食品安全民事法律责任

民事 法律责任	1. 接到消费者赔偿要求的生产经营者，应当实行首负责任制，先行赔付，不得推诿。
	2. 消费者可以向经营者要求赔偿损失，也可以向生产者要求赔偿损失。（不真正连带）
	3. 生产不符合食品安全标准的食品或者经营明知是不符合食品安全标准的食品 （1）消费者除要求赔偿损失外，还可以向生产者或者经营者要求支付价款10倍或者损失3倍的赔偿金； （2）增加赔偿的金额不足1000元的，为1000元； （3）但是，食品的标签、说明书存在不影响食品安全且不会对消费者造成误导的瑕疵的除外。（惩罚性赔偿条款）

续表

民事 法律责任	4. 生产者、销售者以购买者明知食品、药品存在质量问题而仍然购买为由进行抗辩的，法院不予支持。（食药领域，支持"知假买假"索赔要求）
	5. 生产者、销售者以消费者未对食品或者药品的赠品支付对价为由进行免责抗辩的，人民法院不予支持。（赠品违反食安，不免责）
	6. 食品、药品虽在销售前取得检验合格证明，且食用或者使用时尚在保质期内，但经检验确认产品不合格，生产者或者销售者以该食品、药品具有检验合格证明为由进行抗辩的，法院不予支持。（虽有检验合格证明，不免责）

考点 101 ▶ 特殊食品

食用农产品 （如大米）	1. 其质量安全管理，由《农产品质量安全法》规定，不适用《食品安全法》。 2. 其他→适用《食品安全法》。（如其市场销售、质量安全标准的制定、安全信息的公布、农业投入品等，均适用《食品安全法》）
保健食品	1. 目录功能国家定。（保健食品原料目录、保健功能目录，由国务院食品安全监督管理部门会同国务院卫生行政部门、国家中医药管理部门制定、调整并公布） 2. 原料专用。（列入保健食品原料目录的原料，只能用于保健食品生产，不得用于其他食品生产） 3. 使用保健食品原料目录以外原料的保健食品；首次进口的保健食品→应当经国务院食品安全监督管理部门注册。 4. 首次进口的保健食品中属于补充维生素、矿物质等营养物质的→应当报国务院食品安全监督管理部门备案。 5. 保健食品广告，应当声明"本品不能代替药物"；广告内容，应当经生产企业所在地省级食品安全监督管理部门审查批准，取得保健食品广告批准文件。
婴幼儿 配方乳粉	1. 婴幼儿配方乳粉的产品配方，应当经国务院食品安全监督管理部门注册。 2. 不得以分装方式生产婴幼儿配方乳粉。 3. 同一企业不得用同一配方生产不同品牌的婴幼儿配方乳粉。
转基因食品	生产经营转基因食品应当按照规定显著标示。

练习 ▶ 判断正误

1. 大米的质量安全管理须以《食品安全法》为依据。

[答案] 错误。

2. 橄榄调和油质量安全管理，应遵守《食品安全法》。

[答案] 正确。

3. 萱草在超市购买过期火腿肠并索赔，超市不能以萱草"知假买假"为由进行抗辩。

[答案] 正确。

4. 草菇奶业集团为满足农村地区、城市地区的不同需要，将同一配方的婴幼儿配方乳粉以不同品牌不同价格销售。

[答案]错误。

5. 毛栗子购得萱草公司生产的一批黑茶，发现其备案标准并非黑茶的标准，保质期仅为 9 个月，产品包装上显示为 18 个月，但该批黑茶经检验是合格产品。毛栗子无权要求萱草公司支付 10 倍价款赔偿金。

[答案]错误。

6. 萱草超市发现其经营的"板栗牌"速冻水饺不符合食品安全标准，应当召回已销售的该品牌水饺。

[答案]错误。（本题未出现"由食品经营者原因造成"，不由销售者召回）

第 10 章　银行业法

第 38 讲　商业银行设立和业务规则

考点 102 ▶ 设立、贷款、其他业务规则

设　立	1. 商业银行，设立前要经中国银行保险监督管理委员会（银保监会）审批。 2. 并由公司登记部门颁发营业执照。 3. 商业银行的注册资本应当是实缴资本，可高不可低。（10 亿、1 亿、5000 万） 4. 其组织形式、组织机构、分立、合并适用《公司法》的规定。
分支机构	1. 境内的分支机构，不按行政区划设立。 2. 金额≤60%。即拨付各分支机构营运资金额的总和，不得超过总行资本金总额的 60%。 3. 不是独立法人，可作为诉讼主体。
贷款一般 规则	1. 商业银行贷款，应当与借款人订立书面合同。 2. 应当对借款人的借款用途、偿还能力、还款方式等情况进行严格审查。 3. 实行审贷分离、分级审批的制度。 4. 借款人资信良好，确能偿还贷款的，可以不提供担保。 5. 贷款时资本充足率≥8%；流动性资产余额与流动性负债余额的比例≥25%；对同一借款人的贷款余额与商业银行资本余额的比例≤10%。
不良贷款	1. 呆账贷款：无法偿还的贷款。 2. 逾期贷款：借款合同约定到期未归还。（2 年内；不含呆滞、呆账） 3. 呆滞贷款：①逾期超过 2 年；②生产经营已终止的贷款（不含呆账）；③项目已经停建的贷款（不含呆账）。
人情贷	1. "关系人"是指：①和银行有特殊关系的自然人：董监高、信贷业务人员、近亲属；②和银行有特殊关系的自然人相关的公司企业等。 2. 商业银行不得向关系人发放信用贷款。 3. 向关系人发放担保贷款的条件不得优于其他借款人同类贷款的条件。 4. 虽然贷款违法，但贷款合同有效。违规发放贷款，相关人要对银行承担责任。 （《商业银行法》第 40 条第 1 款　商业银行不得向关系人发放信用贷款；向关系人发放担保贷款的条件不得优于其他借款人同类贷款的条件）

续表

同业拆借	1. 遵守中国人民银行的规定。（不是银保监会） 2. 拆出资金：交足存款准备金、留足备付金和归还央行到期贷款之后的闲置资金。 3. 拆入资金可以弥补票据结算；可以弥补银行汇差头寸的不足；可以解决临时性周转资金的需要。 4. 拆入资金不得发放固定资产贷款；不得投资。（禁贷禁投）
其他规则	1. 商业银行因行使抵押权、质权而取得的不动产或者股权，应当自取得之日起2年内予以处分。 2. 商业银行禁止事项：①禁止从事信托投资；②禁止从事证券经营业务；③禁止向非自用不动产投资；④禁止向非银行金融机构和企业投资；⑤禁止企业开立两个以上基本账户；⑥禁止企业公款私存。

第39讲　银行业监管职责、措施

考点103 ▶ 监督对象

监督对象	（金银财信） 具体指：金融资产管理公司、信托投资公司、财务公司、金融租赁公司。
信息共享	国务院银行业监督管理机构应当和中国人民银行、国务院其他金融监督管理机构建立监督管理信息共享机制。

考点104 ▶ 监管措施

强制整改	违反审慎经营规则的（2停4限）：①暂停部分业务、停新业务、停增设分支机构；②限制分红、限制资产转让、限制股东董事高管的权利。
现场检查	1. 现场检查，应当经银行业监督管理机构负责人批准。 2. 检查人员不得少于2人，并应当出示合法证件和检查通知书；否则，银行业金融机构有权拒绝检查。
信息披露	1. 财务会计报告。 2. 风险管理状况。 3. 董事和高级管理人员变更以及其他重大事项等信息。
接　管 （机构重组）	1. （已经发生、可能发生）信用危机+严重影响存款人利益+银保监会决定并组织实施+接管期限最长不超过2年。

续表

接管 （机构重组）	2. 接管后，债权债务由商业银行自担，但经营管理权力，由接管组织行使。（债不变，权被收）
	3. 董、高和其他工作人员 （1）按照银保监会的要求履行职责；（在岗） （2）出境将对国家利益造成重大损失的，经银保监会负责人批准，可通知出境管理机关阻止其出境；（边控） （3）申请司法机关禁止董、高、其他工作人员转移、转让财产或者对其财产设定其他权利。
破 产	1. 破产原因：商业银行不能支付到期债务。 2. 商业银行破产，经国务院银行业监督管理机构同意，由法院组织国务院银行业监督管理机构等有关部门和有关人员成立清算组，进行清算。 3. 商业银行破产清算顺序：清算费用——职工债权——个人储蓄存款本息——税款——破产债权。

考点 105 ▶ 职责区分、违反银行法的法律责任

由央行责令 改正的事项	商业银行有下列情形之一，由中国人民银行（央行）责令改正，……情节特别严重或者逾期不改正的，中国人民银行可以建议国务院银行业监督管理机构责令停业整顿或者吊销其经营许可证： 1. 未经批准办理结汇、售汇的。 2. 未经批准在银行间债券市场发行、买卖金融债券或者到境外借款的。 3. 违反规定同业拆借的。 4. 拒绝或者阻碍中国人民银行检查监督的。 5. 提供虚假的或者隐瞒重要事实的财务会计报告、报表和统计报表的。 6. 未按照中国人民银行规定的比例交存存款准备金的。
二者均有权 查处的事项	提供虚假的或者隐瞒重要事实的财务会计报告、报表和统计报表的，银行业监督管理机构和中国人民银行均有权查处。
由银保监会 责令改正 的事项	商业银行有下列情形之一，由国务院银行业监督管理机构责令改正： 1. 未经批准设立分支机构的。 2. 未经批准分立、合并或者违反规定对变更事项不报批的。 3. 违反规定提高或者降低利率以及采用其他不正当手段，吸收存款，发放贷款的。 4. 出租、出借经营许可证的。 5. 未经批准买卖、代理买卖外汇的。 6. 未经批准买卖政府债券或者发行、买卖金融债券的。 7. 违反国家规定从事信托投资和证券经营业务、向非自用不动产投资或者向非银行金融机构和企业投资的。

续表

由银保监会责令改正的事项	8. 向关系人发放信用贷款或者发放担保贷款的条件优于其他借款人同类贷款的条件的。 9. 拒绝或者阻碍国务院银行业监督管理机构检查监督的。 10. 提供虚假的或者隐瞒重要事实的财务会计报告、报表和统计报表的。 11. 未遵守资本充足率、资产流动性比例、同一借款人贷款比例和国务院银行业监督管理机构有关资产负债比例管理的其他规定的。 12. 未经批准在名称中使用"银行"字样的。 13. 未经批准购买商业银行股份总额 5% 以上的。 14. 将单位的资金以个人名义开立账户存储的。

练 习 ▶ 判断正误

1. 萱草商业银行通过同业拆借获得一笔资金，可以用来发放有担保的短期固定资产贷款。

[答案] 错误。

2. 根据《商业银行法》，经地方政府批准可以设立商业银行分支机构。

[答案] 错误。(需要经过银保监会审批)

3. 萱草商业银行违反审慎经营规则，造成资本和资产状况恶化，严重危及稳健运行，损害存款人和其他客户合法权益。银行业监督管理机构对该银行可采取限制分配红利和其他收入的措施。

[答案] 正确。

4. 根据《银行业监督管理法》，若银行业金融机构发生信用危机，国务院银行业监督管理机构可以对该银行业金融机构实行接管。

[答案] 正确。

第11章　财税法

第40讲　税法概述

考点 106 ▶ 税法原则

体系分类	依据课税对象我国税收实体法体系可分为： 1. 商品税法：包括增值税法、消费税法等。 2. 所得税法：主要包括《企业所得税法》和《个人所得税法》。 3. 财产税法：主要包括房产税法、车船税法等。 4. 行为税法：主要包括印花税法等。
税法原则	1. 税收法定原则：税种的设立、税率的确定和税收征收管理等税收基本制度只能制定法律。 2. 实质课税原则：应根据实际情况，尤其要根据是否有利经济发展来决定是否征税。 3. 禁止类推适用原则。当税法有漏洞时，依据税收法定原则，不允许以类推适用方法来弥补税法漏洞的原则。 4. 禁止溯及课税原则。新颁布实施的税收实体法仅对其生效后发生的应税事实或税收法律行为产生效力。

第41讲　个人所得税

考点 107 ▶ 个税纳税主体

居民个人 （税务居民）	1. 在中国境内有住所。 2. 或者无住所而一个纳税年度内在中国境内居住累计满183天的个人，为居民个人。 3. 居民个人从中国境内和境外取得的所得，均缴纳个人所得税。
非居民个人 （非税务居民）	1. 在中国境内无住所又不居住。 2. 或者无住所而一个纳税年度内在中国境内居住累计不满183天的个人，为非居民个人。 3. 非居民个人从中国境内取得的所得，缴纳个人所得税。

续表

扣缴义务人	1. 所得人为"纳税人"，支付所得的单位或者个人为"扣缴义务人"。 2. 扣缴义务人应当按照国家规定办理全员全额扣缴申报，并向纳税人提供其个人所得和已扣缴税款等信息。 3. 对扣缴义务人按照所扣缴的税款，付给2%的手续费。

考点 108 ▶ 纳税事项、免税、减税

（一）纳税事项——综合所得

下列四项为综合所得：①工资、薪金所得；②劳务报酬所得；③稿酬所得；④特许权使用费所得。

税　　率	超额累进税率（3%～45%）。	
计算方式	居　民	按纳税年度合并计算个人所得税。
	非居民	按月或者按次分项计算个人所得税。
应纳税所得额	居　民	应纳税所得额=每一纳税年度的收入额-费用 60 000 元-专项扣除-专项附加扣除-其他扣除。
	非居民	（1）非居民个人的工资、薪金所得：以每月收入额-费用 5000 元； （2）劳务报酬所得、稿酬所得、特许权使用费所得：以每次收入额为应纳税所得额。
基本概念	（1）收入额：①每月工资、薪金；②劳务报酬所得、特许权使用费所得：收入额=收入-20%的费用后的余额；③稿酬所得：收入额减按 70%计算。 （2）专项扣除：社保+住房公积金。（具体是指：基本养老保险、基本医疗保险、失业保险等社会保险费和住房公积金等） （3）专项附加扣除：包括子女教育、继续教育、大病医疗、住房贷款利息或者住房租金、赡养老人等支出。 （4）其他扣除：个人将其所得对教育、扶贫、济困等公益慈善事业进行捐赠，捐赠额未超过纳税人申报的应纳税所得额30%的部分，可以从其应纳税所得额中扣除；国务院规定对公益慈善事业捐赠实行全额税前扣除的，从其规定。	

（二）纳税事项——其他所得

	应纳税所得额	税　　率
1. 经营所得	每一纳税年度的收入总额-成本、费用、损失	5%～35% 超额累进税率
2. 利息、股息、红利所得	每次收入额	20% 比例税率

续表

	应纳税所得额	税　率
3. 财产租赁所得	（1）每次收入不超过 4000 元的：减除费用 800 元的余额 （2）4000 元以上的：减除 20% 费用的余额	20% 比例税率
4. 财产转让所得	转让财产的收入额−财产原值−合理费用	
5. 偶然所得	每次收入额	

（三）免税、减税事项

免税事项	**总结**：补贴救济赔转退；奖金国债免个税。 1. 省级人民政府、国务院部委和中国人民解放军军以上单位，以及外国组织、国际组织颁发的科学、教育、技术、文化、卫生、体育、环境保护等方面的奖金。 2. 国债和国家发行的金融债券利息。 3. 按照国家统一规定发给的补贴、津贴。 4. 福利费、抚恤金、救济金。 5. 保险赔款。 6. 军人的转业费、复员费、退役金。 7. 按照国家统一规定发给干部、职工的安家费、退职费、基本养老金或者退休费、离休费、离休生活补助费。 8. 依照有关法律规定应予免税的各国驻华使馆、领事馆的外交代表、领事官员和其他人员的所得。 9. 中国政府参加的国际公约、签订的协议中规定免税的所得。 10. 国务院规定的其他免税所得。
减税事项	**总结**：残孤烈灾减个税。 有下列情形之一的，可以减征个人所得税，具体幅度和期限，由省、自治区、直辖市人民政府规定，并报同级人民代表大会常务委员会备案： 1. 残疾、孤老人员和烈属的所得。 2. 因自然灾害遭受重大损失的。 国务院可以规定其他减税情形，报全国人民代表大会常务委员会备案。

考点 109 ▶ 纳税调整、申报、汇算清缴

税额抵免	居民个人从中国境外取得的所得，可以从其应纳税额中抵免已在境外缴纳的个人所得税税额，但抵免额不得超过该纳税人境外所得依照本法规定计算的应纳税额。
纳税调整 （反避税条款）	1. 个人与其关联方之间的业务往来不符合独立交易原则而减少本人或者其关联方应纳税额，且无正当理由。

续表

纳税调整 （反避税条款）	2. 居民个人控制的，或者居民个人和居民企业共同控制的设立在实际税负明显偏低的国家（地区）的企业，无合理经营需要，对应当归属于居民个人的利润不作分配或者减少分配。（此为对离岸公司利用避税天堂的限制） 3. 个人实施其他不具有合理商业目的的安排而获取不当税收利益。 （上述情形，需要补征税款的，应当补征税款，并依法加收利息）
纳税申报	1. 取得综合所得需要办理汇算清缴。 2. 取得应税所得没有扣缴义务人。 3. 取得应税所得，扣缴义务人未扣缴税款。 4. 取得境外所得。 5. 因移居境外注销中国户籍。（时间：应当在注销中国户籍前办理税款清算） 6. 非居民个人在中国境内从 2 处以上取得工资、薪金所得。 7. 国务院规定的其他情形。
转让不动产、 股权	1. 个人转让不动产的 （1）税务机关应当根据不动产登记等相关信息核验应缴的个人所得税； （2）登记机构办理转移登记时，应当查验与该不动产转让相关的个人所得税的完税凭证。
	2. 个人转让股权办理变更登记的，市场主体登记机关应当查验与该股权交易相关的个人所得税的完税凭证。

练 习 ▶ 判断正误

1. 2012 年非洲人 Viva 来到中国，成为某合资企业经理，迄今一直居住在北京，其在 A 国杂志上发表文章获得的稿酬，应在我国缴纳个人所得税。

答案 正确。（Viva 已经符合居民纳税人条件）

2. 糖栗子小姐姐买彩票多倍投注，所获一次性奖金特别高的，可实行加成征收。

答案 错误。（现行《个人所得税法》已经取消"加成征收"）

3. 糖栗子在境内取得的商业保险赔款，应缴纳个人所得税。

答案 错误。（商业保险赔款属于免税事项）

第42讲　企业所得税

考点110 ▶ （企税）纳税主体、对象

概 述	1. 在我国境内企业和其他取得收入的组织，为企业所得税的纳税人。 2. 个人独资企业、合伙企业不缴纳企业所得税。

续表

分类	居民企业	概念	1. 依法在中国境内成立，为居民企业。 2. 或者，依照外国（地区）法律成立但实际管理机构在中国境内的企业，为居民企业。
		纳税规则	1. 其来源于中国境内、境外的所得缴纳企业所得税。 2. 居民企业，适用税率为25%。 3. 居民企业，有权享受我国的税收优惠。（具体见下文）
	非居民企业	概念	1. 依照外国（地区）法律成立且实际管理机构不在中国境内，但在中国境内设立机构、场所的企业。 2. 或者，在中国境内未设立机构、场所，但有来源于中国境内所得的企业。
		纳税规则	1. 有机构+有境内所得：25%。 2. 有机构+有实际联系：25%。 3. 有机构+无实际联系：20%。 4. 无机构+境内所得：20%。 5. 非居民企业有权享受我国的税收优惠。（具体见下文）

考点 111 ▶ （企税）税收优惠

优惠总原则：国家对重点扶持和鼓励发展的产业和项目，给予企业所得税优惠。

分类	内容
非居民企业的优惠	1. 境内未设立机构、场所的。 2. 虽设立机构、场所但取得的所得与其所设机构、场所没有实际联系的，税率为20%。
不征税收入	1. 财政拨款。 2. 依法收取并纳入财政管理的行政事业性收费、政府性基金。
免税收入	1. 国债利息收入。 2. 符合条件的居民企业之间的股息、红利等权益性投资收益。 3. 在中国境内设立机构、场所的非居民企业从居民企业取得与该机构、场所有实际联系的股息、红利等权益性投资收益。 4. 符合条件的非营利组织的收入。
扣除项目	1. 企业实际发生的与取得收入有关的、合理的支出，包括成本、费用、税金、损失和其他支出，准予在计算应纳税所得额时扣除。 2. 企业发生的公益性捐赠支出，在年度利润总额12%以内的部分，准予在计算应纳税所得额时扣除；超过年度利润总额12%的部分，准予结转以后3年内在计算应纳税所得额时扣除。

续表

分　类	内　　　容
扣除项目	3. 加计扣除：①开发新技术、新产品、新工艺发生的研究开发费用（研发费用）；②安置残疾人员及国家鼓励安置的其他就业人员所支付的工资（特殊工资）。
不可扣除项目	1. 企业从其关联方接受的债权性投资与权益性投资的比例超过规定标准而发生的利息支出，不得在计算应纳税所得额时扣除。 2. 下列无形资产不得计算摊销费用扣除：①自行开发的支出已在计算应纳税所得额时扣除的无形资产；②自创商誉；③与经营活动无关的无形资产；④其他。 3. 下列支出不得扣除：企业所得税税款；税收滞纳金；罚金、罚款和被没收财物的损失；……
可免征、减征	（农村公鸡很环保） 1. 从事农、林、牧、渔业项目的所得。（农村） 2. 从事国家重点扶持的公共基础设施项目投资经营的所得。（公基） 3. 从事符合条件的环境保护、节能节水项目的所得。（环保） 4. 符合条件的技术转让所得。（技转）
特殊企业	1. 符合条件的小型微利企业，减按 20% 的税率征收企业所得税。（小微） 2. 国家需要重点扶持的高新技术企业，减按 15% 的税率征收企业所得税。（高新） 3. 创业投资企业从事国家需要重点扶持和鼓励的创业投资，可以按投资额的一定比例抵扣应纳税所得额。（创投）

练 习 ▶ 判断正误

1. 萱草公司取得的财政拨款，属于《企业所得税法》规定的应纳税收入。

答案 错误。（"财政拨款"属于不征税收入）

2. 果仁公司取得的国债利息收入，属于《企业所得税法》规定的应纳税收入。

答案 错误。（"国债利息收入"属于免税收入）

3. 香港萱草公司和浙江萱萱公司在浙江签约设立杭州草草公司，其中萱草公司占95%的股权，依题干草草公司系居民企业。

答案 正确。（告知是"杭州草草公司"，故系居民企业）

第43讲　其他实体税法

考点112 ▶ 增值税、消费税、车船税

增值税	概　念	在我国境内销售货物或者加工、修理修配劳务，销售服务、无形资产、不动产以及进口货物的单位和个人，为增值税的纳税人。

续表

增值税	免税	1. 农业生产者销售的自产农产品。 2. 避孕药品和用具。 3. 古旧图书。 4. 直接用于科学研究、科学试验和教学的进口仪器、设备。 5. 外国政府、国际组织无偿援助的进口物资和设备。 6. 由残疾人的组织直接进口供残疾人专用的物品。 7. 销售的自己使用过的物品。 **总结**：自产自销农作物；避孕残疾二手货；科研外援古旧书；销售增值可免税。
消费税	征税对象	1. 为应税消费品，主要为高耗能、高污染和高档消费品。 2. 具体是指：烟酒油，车鞭球；宝石名表水中游；木筷子，木地板；电池涂料高污染。
车船税	法定免	(法定免——军警消外渔) 1. 捕捞、养殖渔船。 2. 军队、武装警察部队专用的车船。 3. 警用车船。 4. 悬挂应急救援专用号牌的国家综合性消防救援车辆和国家综合性消防救援专用船舶。 5. 依照法律规定应当予以免税的外国驻华使领馆、国际组织驻华代表机构及其有关人员的车船。
	酌定减免	酌定减免车船税——节能、灾害、公交、农用车。
	缴纳	车船税纳税义务发生时间为取得车船使用权或管理权的当月，并按年申报缴纳。

练习 ▶ 判断正误

1. 村姑小栗子网上销售从其他农户处收购的山核桃，免征增值税。

[答案] 错误。(所售山核桃为自其他农户处购买，非自产农产品)

2. 悬挂应急救援专用号牌的国家综合性消防救援车辆和专用船舶，免征车船税。

[答案] 正确。

3. 车船税纳税义务发生时间为取得车船使用权或管理权的当年，并按年申报缴纳。

[答案] 错误。(车船税纳税义务发生时间为取得车船所有权或者管理权的当月)

4. 当税法有漏洞时，依据税收法定原则，不允许以类推适用方法来弥补税法漏洞。

[答案] 正确。

第44讲　税收征收管理法

考点 113 ▶ 税务管理

登记主体	（统称为：从事生产、经营的纳税人） 1. 企业。（及企业外地的分支机构、在外地的生产经营场所） 2. 个体工商户。 3. 从事生产经营的事业单位。 4. 外出经营，在同一地累计超过 180 天的，应在营业地办理税务登记手续。
纳税申报	1. 没有应纳税款、减税、免税期间，均应办理纳税申报。 2. 依据申报期限、申报内容如实办理纳税申报。 3. 不限申报方式。（可直接、可邮寄、可数据电文或以其他方式办理申报） 4. 经税务机关核准，纳税人、扣缴义务人可以延期申报。
账簿管理	1. 生产、经营规模小又确无建账能力的纳税人，可以聘请经批准从事会计代理记账业务的专业机构或者财会人员代为建账。 2. 计算机输出的完整的书面会计记录，可视同会计账簿。 3. 账簿等保存 10 年。

考点 114 ▶ 税款征收

税务稽查		1. 税务机关负责征收、管理、稽查、行政复议的人员的职责应当明确，并相互分离、相互制约。 2. 稽查局具有独立执法主体资格。
减、免税 （纳税人）		纳税人可以依照法律、行政法规的规定书面申请减税、免税。（仅限纳税人，不含扣缴义务人）
延期缴纳 （纳税人）		1. 纳税人因有特殊困难，不能按期缴纳税款的，经批准可以延期缴纳税款。 2. 延期最长不得超过 3 个月。（仅限纳税人，不含扣缴义务人） 3. 不予批准的，从缴纳税款期限届满之日起加收滞纳金。（按日加收滞纳税款万分之五的滞纳金）
税务机关核定 其应纳税额	核定事由	纳税人有下列情形之一的，税务机关有权核定其应纳税额： 1. 依照法律、行政法规的规定可以不设置账簿的。 2. 依照法律、行政法规的规定应当设置账簿但未设置的。

续表

税务机关核定 其应纳税额	核定事由	3. 擅自销毁账簿或者拒不提供纳税资料的。 4. 虽设置账簿，但账目混乱或者成本资料、收入凭证、费用凭证残缺不全，难以查账的。 5. 发生纳税义务，未按照规定的期限办理纳税申报，经税务机关责令限期申报，逾期仍不申报的。 6. 纳税人申报的计税依据明显偏低，又无正当理由的。
	核定方法	1. 可以用下列任何一种方法核定其应纳税额： （1）参照当地同类行业或者类似行业中经营规模和收入水平相近的纳税人的税负水平核定； （2）按照营业收入或者成本加合理的费用和利润的方法核定； （3）按照耗用的原材料、燃料、动力等推算或者测算核定； （4）按照其他合理方法核定。
		2. 可以同时采用上述两种以上的方法核定。
税收调整 （反避税条款）		1. 企业或者外国企业在中国境内设立的从事生产、经营的机构、场所与其关联企业之间的业务往来，应当按照独立企业之间的业务往来收取或者支付价款、费用。 2. 不按照独立企业之间的业务往来收取或者支付价款、费用，而减少其应纳税的收入或者所得额的，税务机关有权进行合理调整。

考点 115 ▶ 税收保全、税收强制执行

	税收保全	税收强制执行
时间点	未到纳税期 （出现逃税预期）	欠税 （未按照规定的期限缴纳或者解缴税款……）
对象	从事生产经营的纳税人。	1. 从事生产经营的纳税人。 2. 扣缴义务人。 3. 纳税担保人。
具体措施	1. 冻结、扣押、查封。 2. 限期期满仍未缴纳税款的，经局长批准，可采取：扣缴税款、拍卖、变卖。 （先保全再执行）	1. 扣缴税款。 2. 扣押、查封、依法拍卖、变卖……相当于…… （或保全或执行）
滞纳金	无	有
必需品不保全、 不强执	1. 机动车辆、金银饰品、古玩字画、豪华住宅、一处以外的住房：可保全可强执。 2. 对单价5000元以下的其他生活用品，不保全不强执。	

考点 116 ▶ 其他税收保障措施

离境清税	对　象	欠税人，或者欠税企业的法定代表人需要出境。
	措　施	未结清税款、滞纳金，又不提供担保的，税务机关可以通知出境管理机关阻止其出境。
税收优先权	普通债权	1. 税收优先于罚款、没收违法所得。 2. 税收优先于无担保债权。
	担保物权	1. 先欠税，后设定抵押（质押/留置）→先还税，后还债（税收有优先权）。 2. 先设定抵押（质押/留置），后欠税→先还债，后还税（税收无优先权）。
税收代位权	前　提	1. 有懈怠。即欠税人怠于行使到期债权。 2. 有损害。即对国家税收造成损害。
	行　使	1. 找法院：税务机关向法院请求以自己的名义代位行使。 2. 不免责：不免欠税人尚未履行的纳税义务和法律责任。 3. 有限度：以纳税人的债权为限。
撤销权	前　提	1. 欠税人放弃或无偿转让财产；或低价转让且受让人知道。 2. 有损害，即对国家税收造成损害。
	行　使	（和代位权相同） 1. 找法院：税务机关向法院请求以自己的名义行使。 2. 不免责：不免欠税人尚未履行的纳税义务和法律责任。 3. 有限度：以纳税人的债权为限。
税款追征	税务机关原因	导致少缴未缴税款：3 年内追缴税款+无滞纳金。
	纳税人原因	1. 失误，累计数额 10 万以内：3 年内追缴+税款+滞纳金。 2. 失误，累计数额 10 万以上：5 年内追缴+税款+滞纳金。 3. 偷、抗、骗：追征无期限限制。
争议解决	纳税争议	对是否纳税、缴纳的税款金额有争议的： 1. 先缴税→向上一级税务机关申请行政复议→行政诉讼。 2. 未经纳税或解缴税款，又不提供担保的，税务机关不受理复议申请。
	处罚争议	对税务机关的处罚决定、强制执行措施、税收保全措施不服的：或复议，或起诉。

练 习 ▶ 判断正误

1. 从事生产、经营的纳税人外出经营，在同一地连续超过 180 天的，应在营业地办理税务登记手续。

　　答案 错误。（"累计"超过180天，而非"连续"计算）

　　2. 扣缴义务人只能直接到税务机关报送代扣代缴、代收代缴税款报告表和其他有关资料。

　　答案 错误。（直接报送是一种途径，还可以通过其他途径办理）

　　3. 萱草公司一直拖欠缴纳税款。2017年该公司将办公楼抵押给某银行获得贷款。现欠款到期拍卖该办公楼，则银行抵押贷款优先于税款清偿。

　　答案 错误。（欠税时间在前，抵押权设定在后。所以税款具有优先权）

　　4. 果仁公司因计算错误，未缴税款累计达50万元。该税款的追征期可延长到5年。

　　答案 正确。

第45讲　审计法

考点 117 ▶ 审计职责、审计权限

审计职责	政府相关	1. 审计署对中央预算执行情况、财政收支情况进行审计。 2. 审计机关对本级各部门（含直属单位）和下级政府预算的执行情况和决算以及其他财政收支情况，进行审计监督。 3. 对政府投资和以政府投资为主的建设项目的预算执行情况和决算，进行审计监督。 4. 对政府部门管理的和其他单位受政府委托管理的社会保障基金、社会捐赠资金以及其他有关基金、资金的财务收支，进行审计监督。 5. 对国际组织和外国政府援助、贷款项目的财务收支，进行审计监督。
	国有资金	1. 审计署对中央银行的财务收支，进行审计监督。 2. 审计机关对国有金融机构的资产、负债、损益，进行审计监督。 3. 审计机关对国家的事业组织和使用财政资金的其他事业组织的财务收支，进行审计监督。 4. 审计机关对国有企业的资产、负债、损益，进行审计监督。
审计权限		1. 审计机关独立行使审计监督权，不受其他行政机关、社会团体和个人的干涉。 2. 各级审计机关对本级人民政府和上一级审计机关负责并报告工作，审计业务以上级审计机关领导为主。 3. 审计机关经县级以上人民政府审计机关负责人批准，有权查询被审计单位在金融机构的账户。 4. 审计机关……有权查询被审计单位以个人名义在金融机构的存款。 5. 审计机关……对其中在金融机构的有关存款需要予以冻结的，应当向法院提出申请。 6. 被审计单位对审计机关作出的有关财务收支的审计决定不服的，可以申请行政复议或者提起行政诉讼。（或议或诉）

续表

审计权限	7. 被审计单位对审计机关作出的有关财政收支的审计决定不服的，可以提请审计机关的本级人民政府裁决，本级人民政府的裁决为最终决定。（政府裁决）
审计程序	1. 审计前→实施审计 3 日前，向被审计单位送达审计通知书。 2. 审计中→出示工作证件和审计通知书副本。 3. 审计后→审计组制作审计报告，并先征求被审计对象的意见。

练 习▶ 判断正误

1. 某市出资设立了栗子高速公路投资公司。由于栗子公司既非政府机关也非事业单位，审计局无权审计。

答案 错误。（"某市出资设立"，符合"政府投资的建设项目"，所以审计机关有权审计）

2. 为加强国家的审计监督，地方各级审计机关对本级人大常委会和上一级审计机关负责。

答案 错误。（错误为"本级人大常委会"，应当是"本级人民政府"）

第12章 土地法和房地产管理法

第46讲 土地管理法

考点118▶ 土地权属制度

土地所有权	1. 我国实行土地的社会主义公有制，即全民所有制和劳动群众集体所有制。 2. 任何单位和个人不得侵占、买卖或者以其他形式非法转让土地。 3. 国家为了公共利益的需要，可以依法对土地实行征收或者征用并给予补偿。	
	国 有	城市市区的土地属于国家所有。
	集体所有	1. 农村和城市郊区的土地，除由法律规定属于国家所有的以外，属于农民集体所有。 2. 宅基地和自留地、自留山，属于农民集体所有。 3. 三级："村、农村集体经济组织、乡（镇）"农民集体所有。
土地使用权	1. 国有土地使用权可以依法转让。 2. 国家依法实行国有土地有偿使用制度。但是，国家在法律规定的范围内划拨国有土地使用权的除外。	
土地用途管制	1. 依据土地用途，将土地分为农用地、建设用地和未利用地。 2. 严格限制农用地转为建设用地，对耕地实行特殊保护。 3. 控制建设用地总量。 4. 使用土地的单位和个人必须严格按照土地利用总体规划确定的用途使用土地。	
权属争议	处理步骤	土地所有权和使用权争议，处理分三步走：①由当事人协商解决→②协商不成的，由政府处理→③当事人对政府的处理决定不服的，可以向法院起诉。
	特别提示	1. 单位之间的争议，由县级以上人民政府处理；个人之间、个人与单位之间的争议，由乡级人民政府或者县级以上人民政府处理。 2. 在权属争议解决前，任何一方不得改变土地利用现状。
权属登记	1. 土地的所有权和使用权的登记，依照有关不动产登记的法律、行政法规执行。 2. 依法登记的土地的所有权和使用权受法律保护，任何单位和个人不得侵犯。	

续表

土地承包	总要求	1. 发包方和承包方应当依法订立承包合同，约定双方的权利和义务。 2. 承包经营土地的单位和个人，有保护和按照承包合同约定的用途合理利用土地的义务。
	家庭承包方式	1. 家庭承包的耕地的承包期为 30 年，草地的承包期为 30 年至 50 年，林地的承包期为 30 年至 70 年。 2. 耕地承包期届满后再延长 30 年，草地、林地承包期届满后依法相应延长。
	其他承包方式	不宜采取家庭承包方式的荒山、荒沟、荒丘、荒滩等，可以采取招标、拍卖、公开协商等方式承包，从事种植业、林业、畜牧业、渔业生产。

考点 119 ▶ 耕地保护

基本要求		1. 国家保护耕地，严格控制耕地转为非耕地。 2. 国家实行占用耕地补偿制度。 3. 确保本行政区域内耕地总量不减少、质量不降低。 4. 个别省、直辖市确因土地后备资源匮乏……必须报经国务院批准减免本行政区域内开垦耕地的数量，易地开垦数量和质量相当的耕地。 5. 禁止任何单位和个人闲置、荒芜耕地。 6. 禁止毁坏森林、草原开垦耕地，禁止围湖造田和侵占江河滩地。
永久基本农田制度	基本要求	1. 国家实行永久基本农田保护制度。
		2. 永久基本农田一般应当占本行政区域内耕地的 80% 以上。
		3. 永久基本农田转为建设用地的，由国务院批准。
		4. 下列耕地划为永久基本农田，实行严格保护： （1）粮、棉、油、糖等重要农产品生产基地内的耕地； （2）有良好的水利与水土保持设施的耕地，正在实施改造计划以及可以改造的中、低产田和已建成的高标准农田； （3）蔬菜生产基地； （4）农业科研、教学试验田； （5）国务院规定应当划为永久基本农田的其他耕地。
	禁止规定	1. 永久基本农田经依法划定后，任何单位和个人不得擅自占用或者改变其用途。 2. ……项目选址确实难以避让永久基本农田，涉及农用地转用或者土地征收的，必须经国务院批准。 3. 禁止通过擅自调整总体规划等方式规避永久基本农田农用地转用或者土地征收的审批。

续表

永久基本农田制度	禁止规定	4. 禁止占用耕地建窑、建坟或者擅自在耕地上建房、挖砂、采石、采矿、取土等。 5. 禁止占用永久基本农田发展林果业和挖塘养鱼。
闲置、荒芜耕地的处理		1. 禁止任何单位和个人闲置、荒芜耕地。 2. 1 年内：恢复耕种。 3. 1 年以上 2 年以下：缴纳闲置费。 4. 连续 2 年未使用的：无偿收回土地使用权；该幅土地原为农民集体所有的，应当交由原农村集体经济组织恢复耕种。

考点 120 ▶ 建设用地

土地征收	1. 征收下列土地的，由国务院批准： （1）永久基本农田； （2）永久基本农田以外的耕地超过 35 公顷的； （3）其他土地超过 70 公顷的。
	2. 征收上述规定以外的土地的，由省、自治区、直辖市人民政府批准。
	3. 征收农用地的，应当先行办理农用地转用审批。
	4. 永久基本农田转为建设用地的，由国务院批准。
	5. 相关前期工作完成后，县级以上地方人民政府方可申请征收土地。
	6. 征收土地应当给予公平、合理的补偿。
	7. 征收土地应当依法及时足额支付土地补偿费等补偿费用，并安排被征地农民的社会保障费用。
	8. 征收农用地的土地补偿费、安置补助费标准由省、自治区、直辖市通过制定公布区片综合地价确定，并至少每 3 年调整或者重新公布一次。
	9. 禁止侵占、挪用被征收土地单位的征地补偿费用和其他有关费用。
出　让 （原则）	1. 建设单位使用国有土地，应当以出让等有偿使用方式取得。 2. 建设单位，缴纳土地使用权出让金等土地有偿使用费和其他费用后，方可使用土地。 3. 新增建设用地的土地有偿使用费，30%上缴中央财政，70%留给有关地方人民政府。
划　拨 （例外）	下列建设用地，经县级以上人民政府依法批准，可以以划拨方式取得： 1. 国家机关用地和军事用地。 2. 城市基础设施用地和公益事业用地。 3. 国家重点扶持的能源、交通、水利等基础设施用地。 4. 法律、行政法规规定的其他用地。 **总结**：均为非商业性质用地。

续表

土地用途改变	1. 建设单位应当按照出让等有偿使用合同的约定，或者划拨批准文件的规定使用土地。
	2. 确需改变该幅土地建设用途的： （1）应当经自然资源主管部门同意； （2）报原批准用地的人民政府批准； （3）其中，在城市规划区内改变土地用途的，在报批前，应当先经有关城市规划行政主管部门同意。
临时用地	1. 由县级以上人民政府自然资源主管部门批准。 2. 其中，在城市规划区内的临时用地，在报批前，应当先经有关城市规划行政主管部门同意。 3. 土地使用者应当根据土地权属，与有关自然资源主管部门或者农村集体经济组织、村民委员会签订临时使用土地合同，并按照合同的约定支付临时使用土地补偿费。 4. 不得修建永久性建筑物。 5. 临时使用土地期限一般不超过2年。
宅基地	1. 农村村民一户只能拥有一处宅基地。 2. 人均土地少、不能保障一户拥有一处宅基地的地区，……保障农村村民实现户有所居。 3. 农村村民建住宅，不得占用永久基本农田，并尽量使用原有的宅基地和村内空闲地。 4. 农村村民出卖、出租、赠与住宅后，再申请宅基地的，不予批准。 5. 国家允许进城落户的农村村民依法自愿有偿退出宅基地，鼓励农村集体经济组织及其成员盘活利用闲置宅基地和闲置住宅。
集体经营性建设用地	1. 出让、出租等，应当经本集体经济组织成员的村民会议2/3以上成员或者2/3以上村民代表的同意。 2. 出让等方式取得的集体经营性建设用地使用权可以转让、互换、出资、赠与或者抵押，但法律、行政法规另有规定或者土地所有权人、土地使用权人签订的书面合同另有约定的除外。

第47讲　城市房地产管理法

考点121 ▶ 房地产合同问题

合作开发合同	1. 未经批准，以划拨土地使用权作为投资与他人订立合同合作开发房地产的，合同无效可补正。（但起诉前已经办理批准手续的，应当认定合同有效） 2. 一方具备房地产开发经营资质的，应当认定合作开发房地产合同有效。 3. 合作方均无房地产开发资质的，合作开发合同无效。（起诉前可补正）

续表

转让合同	1. 房地产转让，应当签订书面转让合同。 2. 未经批准转让划拨土地使用权的，合同无效可补正。（起诉前可补正）
商品房预售	1. 出卖人办理预售登记，取得商品房预售许可证明。 2. 出卖人未取得商品房预售许可证明，与买受人订立的商品房预售合同，应当认定无效，但是在起诉前取得商品房预售许可证明的，可以认定有效。 3. 商品房预售人应当将预售合同报登记备案。（"备案"是预售人的义务） 4. 商品房预售合同未办理登记备案手续，合同有效，但不得对抗善意第三人。

考点 122 ▶ 房地产交易

一般规定	1. 房地一体主义。（房随地走，地随房走） 2. 签订书面转让合同。 3. 房地产转让时，土地使用权出让合同载明的权利、义务随之转移。（一并转移） 4. 土地已经使用年限要刨除。（转让房地产后，其土地使用权的使用年限为原出让合同约定的使用年限减去已经使用年限后的剩余年限） 5. 受让人改变土地用途要经同意。（转让房地产后，受让人改变原土地使用权出让合同约定的土地用途的，必须取得原出让方和市、县人民政府城市规划行政主管部门的同意，签订土地使用权出让合同变更协议或者重新签订土地使用权出让合同，相应调整土地使用权出让金）
"划拨地+房"转让条件	1. 按照国务院规定，报有批准权的人民政府审批。 2. 审批后分两种情况分别处理： （1）受让方办理出让手续：政府准予转让的→由受让方办理土地使用权出让手续，并依照国家有关规定缴纳土地使用权出让金； （2）转让方缴纳土地收益：按照国务院规定决定可以不办理土地使用权出让手续的→转让方将转让房地产所获收益中的土地收益上缴国家或者作其他处理。

房地产抵押	出让	1. 以出让方式取得的土地使用权，可以单独设定抵押权；若该土地上有房屋时，应当将该国有土地上的房屋同时抵押。（房地一体） 2. 建设用地使用权抵押后，该土地上新增的建筑物不属于抵押财产。该建设用地使用权实现抵押权时，应当将该土地上新增的建筑物与建设用地使用权一并处分，但新增建筑物所得的价款，抵押权人无权优先受偿。
	划拨	设定房地产抵押权的土地使用权是以划拨方式取得的，依法拍卖该房地产后，应当从拍卖所得的价款中缴纳相当于应缴纳的土地使用权出让金的款额后，抵押权人方可优先受偿。（先保护国家，后保护抵押权人）

续表

房屋租赁	以营利为目的，房屋所有权人将以划拨方式取得使用权的国有土地上建成的房屋出租的，应当将租金中所含土地收益上缴国家。 1. 上述出租合同有效，租金归出租方。 2. 土地收益上缴国家。

练 习 ▶ 判断正误

1. 萱草企业未经批准转让一块划拨地给草草企业并签订《土地转让合同》，在获得批准前该转让合同无效。

[答　案] 正确。

2. 某段高铁干线（国家重点建设项目）的选址确实难以避让一块永久基本农田，相关的土地征收问题必须经当地省级人民政府批准。

[答　案] 错误。（应经国务院批准）

3. 使用者通过出让等方式取得的集体经营性建设用地使用权，可以进入市场流转。

[答　案] 正确。

4. 已经办理审批手续的非农业建设占用耕地，1 年以上未动工建设的应当恢复耕种或者组织耕种。

[答　案] 错误。（闲置耕地时间超过 1 年，应缴纳闲置费）

5. 萱草房地产公司以出让方式取得一宗商品房开发用地的使用权，基于"一城一策"，该市市政府可同意萱草公司先销售商品房后缴纳土地出让金。

[答　案] 错误。（应先缴土地出让金）

6. 萱草房地产公司在未取得预售证时开盘销售了商品房 50 套，该公司取得商品房预售许可证明前，其所签订的所有商品房预售合同无效。

[答　案] 正确。

7. 萱草公司可只抵押整幅地块的使用权而不抵押该地块上的楼房。

[答　案] 错误。（违反"房地一体"）

8. 萱草公司向草草银行借款并将其所有的一块建设用地抵押给草草银行，后萱草公司在该地块上新建了一栋房屋，若萱草公司到期无法偿还，草草银行实现抵押权时就该房屋同样具有优先受偿权。

[答　案] 错误。（新增的建筑物不属于抵押财产）

第48讲　城乡规划法

考点 123 ▶ 规划分类

城乡规划，包括城镇体系规划、城市规划、镇规划、乡规划和村庄规划。具体包括：

城乡规划 ┳ 城镇体系规划 ┳ 全国城镇体系规划——报国务院审批；用于指导省域城镇体系规划、城市总体
　　　　　　　　　　　　　　　规划的编制
　　　　　　　　　┗ 省域城镇体系规划 ┳ 报国务院审批；在报审批前，应当先经本级人民代表大会常
　　　　　　　　　　　　　　　　　　　　　务委员会审议，审议意见交由本级人民政府研究处理
　　　　　　　　　　　　　　　　　　　 ┣ 内容包括：城镇空间布局和规模控制，重大基础设施的布局，
　　　　　　　　　　　　　　　　　　　　　为保护生态环境、资源等需要严格控制的区域
　　　　　　　　　　　　　　　　　　　 ┗ [记忆：严控公基规模]

城市规划、镇规划 ┳ 总体规划 ┳ 包括：城镇的发展布局，功能分区，用地布局，综合交通体系，
　　　　　　　　　　　　　　　　禁止、限制和适宜建设的地域范围，各类专项规划等
　　　　　　　　　　　　　 ┣ 建设用地规模、基础设施和公共服务设施用地、水源地和水系、
　　　　　　　　　　　　　　　基本农田和绿化用地、环境保护、自然与历史文化遗产保护
　　　　　　　　　　　　　　　以及防灾减灾等内容：应当作为总体规划的强制性内容
　　　　　　　　　　　　　 ┣ 总体规划确定的建设用地范围以外，不得设立各类开发区和城市
　　　　　　　　　　　　　　　新区
　　　　　　　　　　　　　 ┣ 总体规划，在报上一级人民政府审批前，应当先经本级人民代表
　　　　　　　　　　　　　　　大会常务委员会审议，审议意见交由本级人民政府研究处理
　　　　　　　　　　　　　 ┗ 总体规划的规划期限一般为20年

　　　　　　　　 ┗ 详细规划 ┳ 控制性详细规划 ┳ 根据城（镇）总体规划的要求，组织编制控制
　　　　　　　　　　　　　　　　　　　　　　　　　性详细规划
　　　　　　　　　　　　　　　　　　　　　　┗ 经本级人民政府批准后，报本级人民代表大会
　　　　　　　　　　　　　　　　　　　　　　　常务委员会和上一级人民政府备案
　　　　　　　　　　　　　┗ 修建性详细规划 ┳ 城乡规划主管部门和镇人民政府可以组织编制
　　　　　　　　　　　　　　　　　　　　　　　重要地块的修建性详细规划
　　　　　　　　　　　　　　　　　　　　　┗ 修建性详细规划应当符合控制性详细规划
　　　　　　　　　　　　　　　　　　　　　　优先安排基础设施、公共服务设施的建设

乡规划、村庄规划

考点 124 ▶ 城乡规划的实施

划拨地	划拨地规划许可程序：审核建设项目→建设单位提出建设用地规划许可申请→规划局核发建设用地规划许可证→土地局划拨土地。
出让地	出让地规划许可程序：取得建设项目的批准、核准、备案文件→签出让合同→到规划局领建设用地规划许可证→土地局出让土地。
乡村建设	乡村建设规划许可的程序：建设单位向乡镇政府提出申请→规划局核发乡村建设规划许可证→土地局办理用地审批手续。

练 习 ▶ 判断正误

1. 某市混凝土公司新建临时搅拌站，若该搅拌站在该市规划区内进行建设的，应经市城管执法部门批准。

[答案]错误。(应是"规划主管部门")

2. 某镇拟编制并实施镇总体规划，根据《城乡规划法》的规定，镇政府编制的镇总体规划，报上一级政府审批后，再经镇人大审议。

[答案]错误。(应当先报镇人大审议，再报上一级人民政府审批)

3. 某镇政府正在编制本镇规划。根据《城乡规划法》，供水、供电、道路、通信设施应当优先考虑。

[答案]正确。

4. 在签订国有土地使用权出让合同前，建设单位应当持建设项目的批准、核准、备案文件，向城乡规划主管部门领取建设用地规划许可证。

[答案]错误。(领取建设许可证是在出让合同签订后，而不是签订前)

第49讲　不动产登记暂行条例

考点125 ▶ 不动产登记程序、登记簿与权属证书

不动产登记的申请程序	双方共同申请	买卖、设定抵押权。
	一方申请	1. 首次申请登记的。 2. 继承、接受遗赠取得。 3. 法律文书、政府决定等设立……不动产权利。 4. 变更登记。(姓名、名称、自然状况发生变化) 5. 注销登记。 6. 更正登记。 7. 异议登记的。
	撤回申请	申请登记事项记载于不动产登记簿前，申请人可以撤回登记申请。
受理程序		1. 登记职责范围内+申请材料瑕疵可当场更正→当场更正+书面告知受理。 2. 登记职责范围内+申请材料不合要求，无法当场更正→当场书面告知不受理+一次性告知需补正内容。 3. 未当场书面告知申请人不予受理的→视为受理。

续表

不予登记		1. 违反法律、行政法规规定的。 2. 存在尚未解决的权属争议的。 3. 申请登记的不动产权利超过规定期限的。
查询复制		1. 权利人、利害关系人可以依法查询、复制。 2. 国家机关可以按规定查询、复制。
登记簿- 权属证书	登记簿	1. 不动产登记簿是物权归属和物权内容的根据。不动产物权的设立、变更、转让和消灭，依照法律规定应当登记的，自记载于不动产登记簿时发生效力。（登记生效） 2. 由不动产登记机构永久保存。 3. 不动产登记簿形式必须统一、唯一、确定；以电子版本为主，纸质为辅。 4. 禁止损毁，限制修改。（任何人不得损毁不动产登记簿，除依法予以更正外不得修改登记事项）
	证书	不动产权属证书，是权利人享有该不动产物权的证明。
	关系	不动产权属证书记载的事项，应当与不动产登记簿一致；记载不一致的，原则以不动产登记簿为准。（证簿不符，簿为准）
	合同	1. 不动产物权的设立、变更、转让和消灭等合同，除法律另有规定或者合同另有约定外，自合同成立时生效。 2. 未办理物权登记的，不影响合同效力。

练 习 ▶ 判断正误

1. 小栗子将房屋抵押给银行以获得贷款，应由当事人双方共同申请抵押登记。

答案 正确。

2. 小栗子认为登记于大毛栗名下的房屋为自己所有，应由当事人双方共同申请更正登记。

答案 错误。（本题共同申请的概率很小，所以也"可以由小栗子单方申请"）

3. 小栗子购买甲公司一处房产，自合同签订时起发生物权转移效力。

答案 错误。（应该是"登记生效"）

4. 小栗子购买甲公司一处房产并签订买卖合同，但一直未办理物权登记，该合同效力待定。

答案 错误。（未办理物权登记的，不影响合同效力）

第13章 劳动法律关系

第50讲 劳动法律关系概述

考点 126 ▶ 调整对象

1. 劳动法的调整对象是劳动关系。

2. 劳动法律关系的特征

（1）劳动关系的当事人是特定的，一方是劳动者，另一方是用人单位；

（2）劳动关系具有人身、财产关系的属性；

（3）劳动关系具有平等、从属关系的属性。

3. 狭义的劳动法律关系主体包括劳动者和用人单位。

（1）禁止用人单位招用未满16周岁的未成年人；

（2）文艺、体育和特种工艺单位招用未满16周岁的未成年人，必须遵守国家有关规定，并保障其接受义务教育的权利。

考点 127 ▶ 劳动基准（工作时间、休息休假、工资）

1. 国家实行劳动者每日工作时间不超过8小时、平均每周工作时间不超过44小时的工时制度。（经劳动行政部门批准，可以实行其他工作和休息办法）

2. 休息休假制度

休息日	用人单位应当保证劳动者每周至少休息1日。
法定假日	用人单位在下列节日期间应当依法安排劳动者休假：①元旦；②春节；③国际劳动节；④国庆节；⑤法律、法规规定的其他休假节日。
带薪年休假	劳动者连续工作1年以上的，享受带薪年休假。具体办法由国务院规定。

3. 加班规则

总原则	用人单位不得违反《劳动法》规定延长劳动者的工作时间。
生产经营 需要–加班	(1) 用人单位由于生产经营需要，经与工会和劳动者协商后可以延长工作时间，一般每日不得超过 1 小时； (2) 因特殊原因需要延长工作时间的，在保障劳动者身体健康的条件下延长工作时间每日不得超过 3 小时，但是每月不得超过 36 小时。
延长时间 不受限 –加班	有下列情形之一的，延长工作时间不受限制： **紧急处理/及时抢修不受限** (1) 发生自然灾害、事故或者因其他原因，威胁劳动者生命健康和财产安全，需要紧急处理的； (2) 生产设备、交通运输线路、公共设施发生故障，影响生产和公众利益，必须及时抢修的； (3) 法律、行政法规规定的其他情形。
加班报酬	有下列情形之一的，用人单位应当按照下列标准支付高于劳动者正常工作时间工资的工资报酬： (1) 安排劳动者延长工作时间的，支付不低于工资的150%的工资报酬； (2) 休息日安排劳动者工作又不能安排补休的，支付不低于工资的200%的工资报酬； (3) 法定休假日安排劳动者工作的，支付不低于工资的300%的工资报酬。

4. 工资制度

原　　则	(1) 工资分配应当遵循按劳分配原则，实行同工同酬； (2) 国家对工资总量实行宏观调控； (3) 用人单位根据本单位的生产经营特点和经济效益，依法自主确定本单位的工资分配方式和工资水平。
支付规则	(1) 工资应当以货币形式按月支付给劳动者本人。不得克扣或者无故拖欠劳动者的工资。 (2) 劳动者在法定休假日和婚丧假期间以及依法参加社会活动期间，用人单位应当依法支付工资。 (3) 用人单位支付劳动者的工资不得低于当地最低工资标准。
最低工资 制度	(1) 最低工资的具体标准由省、自治区、直辖市人民政府规定，报国务院备案。 (2) 确定和调整最低工资标准应当综合参考下列因素：①劳动者本人及平均赡养人口的最低生活费用；②社会平均工资水平；③劳动生产率；④就业状况；⑤地区之间经济发展水平的差异。

考点 128 ▶ 劳动安全卫生、职业培训

1. 新建、改建、扩建工程的劳动安全卫生设施必须与主体工程同时设计、同时施工、同时投入生产和使用。

2. 用人单位必须为劳动者提供符合国家规定的劳动安全卫生条件和必要的劳动防护用品，对从事有职业危害作业的劳动者应当定期进行健康检查。

3. 从事特种作业的劳动者必须经过专门培训并取得特种作业资格。

4. 劳动者对用人单位管理人员违章指挥、强令冒险作业，有权拒绝执行；对危害生命安全和身体健康的行为，有权提出批评、检举和控告。

5. 用人单位应当建立职业培训制度，按照国家规定提取和使用职业培训经费，根据本单位实际，有计划地对劳动者进行职业培训。

6. 从事技术工种的劳动者，上岗前必须经过培训。

7. 国家确定职业分类，对规定的职业制定职业技能标准，实行职业资格证书制度，由经备案的考核鉴定机构负责对劳动者实施职业技能考核鉴定。

考点 129 ▶ 女职工和未成年工特殊保护

	普通	女职工→禁止安排从事矿山井下、第四级体力劳动强度的劳动。	女——矿井四强
女职工	经	经期→不得安排从事高处、低温、冷水作业和第三级体力劳动强度的劳动。（三高低冷）	经——三高低冷
	孕	1. 怀孕期间→不得安排从事第三级体力劳动强度的劳动和孕期禁忌从事的活动。 2. 怀孕 7 个月以上的女职工→不得安排其延长工作时间和夜班劳动。	孕——三强（超七月无加班夜班） 哺——三强加班夜班 未成年——矿井四强，有毒有害
	哺乳	1. 哺乳未满 1 周岁的婴儿期间→不得安排从事第三级体力劳动强度的劳动和哺乳期禁忌从事的其他劳动，不得安排其延长工作时间和夜班劳动。 （哺乳+1 周岁→不加班，无夜班，无三强） 2. 女职工生育享受不少于 90 天的产假。	
未成年工		1. 是指 16~18 周岁的劳动者。 2. 用人单位应当对未成年工定期进行健康检查。 3. 不得安排未成年工从事矿山井下、有毒有害、国家规定的第四级体力劳动强度的劳动和其他禁忌从事的劳动。	

练 习 ▶ 判断正误

1. 根据《劳动法》，若女职工怀孕 6 个月，公司不得安排其进行夜班劳动。

[答 案] 错误。（怀孕 7 个月以上的女职工……）

2. 萱草公司有义务定期为其女职工进行健康检查。

[答 案] 错误。（法律仅规定了对未成年工定期安排检查的规定）

3. 劳动者在休息日工作均应享有 2 倍工资。

[答案] 错误。（该题忽略了补休条件）

第51讲　劳动合同的订立、特殊条款

考点130 ▶ 劳动合同的订立

劳动合同	1. 劳动合同应采用书面形式订立。 2. 劳动关系自用工之日起建立。 3. 用人单位招用与其他用人单位尚未解除或者终止劳动合同的劳动者，给其他用人单位造成损失的，应当承担连带赔偿责任。（指直接经济损失）		
未订立书面劳动合同的处理	自用工之日起 1 个月内	单位未签	需支付劳动报酬，无需支付赔偿金。
		劳动者未签	经用人单位书面通知后，劳动者不订立书面劳动合同： 1. 用人单位应当书面通知劳动者终止劳动关系。 2. 用人单位无需向劳动者支付经济补偿。
	自用工之日起超过 1 个月不满 1 年	单位未签	1. 向劳动者每月支付 2 倍的工资，并与劳动者补订书面劳动合同。 2. 每月支付 2 倍工资的起算时间，为用工之日起满 1 个月的次日，截止时间为补订书面劳动合同的前一日。 3. 劳动者请求第 2 倍工资，适用仲裁时效 1 年的限制。（易错！）
		劳动者未签	终止+经济补偿金。即劳动者不与用人单位订立书面劳动合同的，用人单位应当书面通知劳动者终止劳动关系，并依规定支付经济补偿。
	满 1 年		1. 自用工之日起满 1 个月的次日至满 1 年的前一日，向劳动者每月支付 2 倍的工资。 2. 并视为自用工之日起满 1 年的当日，已经与劳动者订立无固定期限劳动合同。

考点131 ▶ 劳动合同的特殊条款

试用期	禁止重复试用	1. 同一用人单位与同一劳动者只能约定一次试用期。 2. 试用期包含在劳动合同期限内。
	期　限	1. 3 个月≤劳动合同期限 < 1 年：试用期≤1 个月。 2. 1 年≤劳动合同期限 < 3 年：试用期≤2 个月。 3. 劳动合同期限≥3 年：试用期≤6 个月。

续表

试用期	期　限	4. 不得约定试用期情况：①完成一定工作任务为期限；②劳动合同期限＜3个月；③非全日制用工。
	工　资	试用期的工资≥同岗位最低档工资（或劳动合同约定工资）80%并≥当地最低工资。
	解除合同	1. 下列两种情况，可以解除试用期合同： （1）劳动者有严重过错→用人单位可以解除试用期劳动合同； （2）劳动者自身原因导致不能胜任→用人单位可以解除试用期劳动合同。
		2. 下列情况，不可解除试用期合同： （1）试用期＋用人单位裁员→不可解除； （2）试用期＋用人单位情势变更→不可解除。
	法律责任	违法约定的试用期已经履行的，由用人单位以劳动者试用期满月工资为标准，按已经履行的超过法定试用期的期间向劳动者支付赔偿金。
保密条款		1. 劳动者的保密义务：约定义务；可无偿，可有偿。
		2. 董事高管的保密义务：法定义务；无偿。
		3. 保密协议≠竞业限制 （1）仅约定"保密条款"，劳动者并不具有竞业限制义务； （2）竞业限制义务，需要在劳动合同或保密协议中与劳动者约定。
竞业限制		1. 限人：竞业限制的人员限于用人单位的高级管理人员、高级技术人员和其他负有保密义务的人员。
		2. 限时：在解除或者终止劳动合同后，劳动者的竞业限制期限不得超过2年。
		3. 竞业限制中的经济补偿 （1）约定竞业限制＋未约定金额→竞业限制有效。劳动者履行了竞业限制义务，用人单位按照劳动者在劳动合同解除或者终止前12个月平均工资的30%按月支付经济补偿。（月平均工资的30%低于劳动合同履行地最低工资标准的，按当地工资标准支付） （2）单位违约，可解除。因用人单位的原因导致3个月未支付经济补偿，劳动者可解除竞业限制约定。 （3）单位解约，多支付。用人单位可解除竞业限制协议，用人单位需额外支付3个月的竞业限制经济补偿。 （4）劳动者违约→违约金＋遵守竞业义务。即，劳动者违反竞业限制约定，向用人单位支付违约金后，用人单位仍可要求劳动者按照约定继续履行竞业限制义务。
服务期		1. 用人单位提供专项培训费用，进行专业技术培训→可约定服务期。 2. 劳动合同期满，但服务期尚未到期→劳动合同应当续延至服务期满。 3. 违约金≤培训费用。（用人单位要求劳动者支付的违约金不得超过服务期尚未履行部分所应分摊的培训费用。即有凭证的培训费用、培训期间的差旅费用、因培训产生的其他直接费用。）

续表

违约金	劳动者支付违约金，仅存在于下列两种情况： 1. 违反服务期约定。 2. 违反竞业限制约定。

练 习 ▶ 判断正误

1. 劳动合同到期后若未签劳动合同但继续用工，属于事实劳动关系，劳动者无权请求支付 2 倍工资。

[答案] 错误。（到期后继续用工，性质为建立一个新的劳动关系）

2. 用人单位未与劳动者签订劳动合同，劳动者要求支付第 2 倍工资的请求不受仲裁时效的限制。

[答案] 错误。（第 2 倍工资是对用人单位未签劳动合同的"惩罚金"，适用 1 年仲裁时效的限制）

3. 小栗子在萱草公司共工作了 8 个月时间，经公司通知始终未与公司签订劳动合同，故公司可随时终止与小栗子的劳动关系，但需支付经济补偿金。

[答案] 正确。

4. 萱草和某公司于 2015 年 3 月签订了劳动合同，合同有效期至 2016 年 7 月，其试用期依法最长为 1 个月。

[答案] 错误。（试用期不得超过 2 个月）

5. 当员工因自身能力有限确实无法胜任其所做工作时，公司可在试用期内解除劳动合同。

[答案] 正确。

6. 某公司聘用小栗子，双方约定劳动合同期限 2 年，试用期 3 个月。若试用期满后工资为 3000 元，那么试用期工资应不低于 2100 元。

[答案] 错误。（该题中试用期工资不得低于 2400 元）

7. 劳动者的保密义务是法定义务。

[答案] 错误。（劳动者的保密义务由劳动合同约定，而非法定义务）

第52讲　劳动合同的解除

考 点 132 ▶ 解除理由、程序、解约后果

解约理由	解约程序	经济补偿金
用人单位提出，协商一致解除	无	有
劳动者自愿辞职	劳动者提前 30 日通知（试用期提前 3 日通知）	无
劳动者被迫辞职	可及时解除	有

续表

解约理由	解约程序	经济补偿金
劳动者有过错（违规违纪违法；在试用期间被证明不符合录用条件等）	1. 用人单位可及时解除 2. 有工会的，需要将解约理由告知工会	无
劳动者无过错（非职业病等医疗期满后不能从事；不能胜任）	1. 用人单位："提前 30 日+书面通知"预告解除或"代通金"及时解除 2. 有工会的，需要将解约理由告知工会	有
用人单位情势变更（劳动合同订立时所依据的客观情况发生重大变化）		有
用人单位裁员（破产重整、严重困境、企业转型+20 人或超 10%）	1. 提前 30 日向工会……①说明情况；②听取工会……；③裁减人员方案……报告 2. 6 个月内重新招用时→通知同等条件优先录用被裁人员	有
老弱病残孕+有过错（违规违纪违法）	1. 可及时解除劳动合同 2. 有工会的，解约理由需告知工会	无
劳动合同期满终止，用人单位降低条件续订，劳动者拒绝续签，劳动合同终止	无	有
劳动合同期满终止，用人单位维持、提高劳动合同条件续订，被劳动者拒绝，劳动合同终止	无	无
为安置就业困难人员提供的给予岗位补贴和社会保险补贴的公益性岗位，劳动合同终止	无	无

【强调】

1. 老弱病残孕+该劳动者无过错，用人单位不得单方解除。

"老弱病残孕"是指：

（1）从事接触职业病危害作业的劳动者未进行离岗前职业健康检查，或者疑似职业病病人在诊断或者医学观察期间的；

（2）在本单位患职业病或者因工负伤并被确认丧失或者部分丧失劳动能力的；

（3）患病或者非因工负伤，在规定的医疗期内的；

（4）女职工在孕期、产期、哺乳期的；

（5）在本单位连续工作满 15 年，且距法定退休年龄不足 5 年的。

2. 用人单位仅以劳动者是新冠肺炎确诊患者、疑似新冠肺炎患者、无症状感染者、被依法隔离人员或者劳动者来自疫情相对严重的地区为由主张解除劳动关系的，人民法院不予支持。

考点 133 ▶ 解约经济补偿金的计算

经济补偿金	1. 用人单位合法解除或终止劳动合同。
	2. 经济补偿金标准：按照本单位工作年限，满 1 年支付 1 个月工资。（一般工资算法：无封顶） （1）工作年限满 1 年→1 个月工资； （2）工作年限 6 个月以上，不满 1 年→1 个月工资； （3）工作年限不满 6 个月→半个月工资的经济补偿。
	3. [高工资算法：双限] 高于月平均工资 3 倍的，按月平均工资 3 倍，不超 12 年。
经济赔偿金	用人单位违法解除或终止劳动合同时： 1. 解约理由违法。 2. 解约程序违法。（如，应该通知工会，但未通知的）
关　系	1. 企业支付赔偿金的，不再支付经济补偿金。 2. 经济赔偿金＝经济补偿金×2。

练 习 ▶ 判断正误

1. 萱草公司因面临重大困境决定裁员。被裁员工可享受萱草公司 6 个月内重新招用时同等条件优先录用的权利。

[答 案] 正确。

2. 劳动者自愿辞职或者用人单位提出劳动合同解除之后双方协商一致的情况下，用人单位无需支付经济补偿金。

[答 案] 错误。（前一种情况用人单位无需支付经济补偿金，但后者需要支付经济补偿金）

3. 小栗子和果仁公司的劳动合同已到期且不打算续签，公司提高待遇竭力挽留仍遭小栗子拒绝。即便如此，小栗子仍有权获得经济补偿金。

[答 案] 错误。（维持、提高劳动合同条件续订，被劳动者拒绝，劳动合同终止无经济补偿金）

4. 关于劳动合同的解除，企业支付赔偿金的，不再支付经济补偿金。

[答 案] 正确。

第53讲　特殊劳动合同形式

考点 134 ▶ 无固定期限劳动合同、集体合同、非全日制工

无固定期限劳动合同	概　念	是指用人单位与劳动者约定无确定终止时间的劳动合同。
	协商订立	协商一致，可以订立无固定期限劳动合同。
	法定情形	1. 劳动者在该用人单位连续工作满 10 年的。（连 10） 2. 国企改制+长期劳动者：劳动者在该用人单位连续工作满 10 年且距法定退休年龄不足 10 年的。（双 10） 3. 连续订立 2 次固定期限劳动合同，且劳动者无过错、能胜任本职工作，再续订劳动合同的。（"劳动合同的次数"是自 2008 年 1 月 1 日起开始计算次数）
	推定情形	用人单位自用工之日起满 1 年不与劳动者订立书面劳动合同的，视为用人单位与劳动者已订立无固定期限劳动合同。
	例外情形	有补贴岗位、公益性岗位，是指地方各级人民政府及县级以上地方人民政府有关部门，为安置就业困难人员提供的给予岗位补贴和社会保险补贴的公益性岗位，其劳动合同不适用无固定期限劳动合同、不适用经济补偿的规定。
集体合同	概　念	集体合同，是企业职工一方与用人单位通过平等协商，就劳动报酬、工作时间、休息休假、劳动安全卫生、保险福利等事项订立的书面协议。
	特　征	1. 订立主体：集体合同由工会代表企业职工一方与用人单位订立；尚未建立工会的用人单位，由上级工会指导劳动者推举的代表与用人单位订立。 2. 订立程序特殊：劳动行政部门自收到集体合同文本之日起 15 日内未提出异议的，集体合同即行生效。 3. 行业性、区域性集体合同对当地本行业、本区域的用人单位和劳动者具有约束力。 4. 集体合同的效力高于（单个）劳动合同的效力。
非全日制用工	概　念	非全日制用工，是指以小时计酬为主，劳动者在同一用人单位一般平均每日工作时间不超过 4 小时，每周工作时间累计不超过 24 小时的用工形式。
	情　形	1. 双方可以签订书面协议，也可以口头协议。 2. 可以订立多个劳动合同。后订立的不得影响先订立的合同的履行。 3. 用工双方不得约定试用期。

续表

非全日制用工	情形	4. 用工双方任何一方可以随时通知对方终止用工，且用人单位不必支付经济补偿。 5. 劳动报酬支付周期不得超过 15 日。(4 可 3 无)

考点 135 ▶ 劳务派遣

适用对象	劳务派遣用工是补充形式，只能在临时性、辅助性或者替代性的工作岗位上实施。 1. 临时性工作岗位：岗位的存续时间 6 个月。(而非劳动者实际工作时间) 2. 辅助性工作岗位：为主营业务岗位提供服务的非主营业务岗位。 3. 替代性的工作岗位。(略)

法律关系	劳务派遣单位	1. 劳务派遣单位是用人单位。 2. 2 年以上的固定期限书面劳动合同；可约定试用期。 3. 不得以非全日制用工形式招用被派遣劳动者。(禁小时工) 4. 劳动者在无工作期间，劳务派遣单位按当地最低工资标准，按月付酬。 5. 将劳务派遣协议的内容告知被派遣劳动者。 6. 不得克扣……被派遣劳动者的劳动报酬。 7. 不得向被派遣劳动者收取费用。 8. 禁止自派遣：①用人单位不得设立劳务派遣单位向本单位或者所属单位派遣劳动者；②用人单位不得出资或合伙设立的劳务派遣单位，向本单位或者所属单位派遣劳动者。 9. 被派遣劳动者在用工单位因工作遭受事故伤害的，劳务派遣单位应当依法申请工伤认定，用工单位应当协助工伤认定的调查核实工作。劳务派遣单位承担工伤保险责任，但可以与用工单位约定补偿办法。(工伤保险，找用人单位)
	用工单位	1. 用工单位使用的被派遣劳动者数量，不得超过其用工总量的 10%。 2. 被派遣劳动者享有与用工单位的劳动者同工同酬的权利。 3. 不得将连续用工期限分割订立数个短期劳务派遣协议。 4. 不得向被派遣劳动者收取费用。 5. 不得将被派遣劳动者再派遣到其他用人单位。 6. 异地派遣的，被派遣劳动者享有的劳动报酬和劳动条件，按照用工单位所在地的标准执行。
劳务派遣纠纷	劳动者工伤	(劳动者工伤→用人单位承担工伤保险责任) 被派遣劳动者在用工单位因工作遭受事故伤害的，劳务派遣单位应当依法申请工伤认定，用工单位应当协助工伤认定的调查核实工作。劳务派遣单位承担工伤保险责任，但可以与用工单位约定补偿办法。

续表

劳务派遣纠纷	害劳动者	（害劳动者→连带赔偿责任） 用工单位违反劳动合同法和有关劳务派遣规定的，给被派遣劳动者造成损害的，劳务派遣单位和用工单位承担连带赔偿责任。（害劳动者）	
	害他人	（害他人→用工单位承担侵权责任） 劳务派遣期间，被派遣的工作人员因执行工作任务造成他人损害的，由接受劳务派遣的用工单位承担侵权责任；劳务派遣单位有过错的，承担相应的补充责任。（害他人）	
劳务派遣合同解除	劳动者无过错，但无法胜任。	（1）用工单位可退工； （2）用人单位可解除劳动合同，但需提前 30 日通知劳动者（退工+解除）； （3）有经济补偿金。	
	1. 情势变更（订立合同的客观情况发生重大变化）。 2. 用工单位裁员。 3. 用工单位破产、吊销营业执照、责令关闭等。	（1）用工单位可退工； （2）用人单位不可解除劳动合同。	

练 习 ▶ 判断正误

1. 劳动者无过错并能胜任本职工作的，续订劳动合同的，用人单位有义务签订无固定期限劳动合同。

[答案] 错误。（还需要满足连续订立 2 次固定期限劳动合同，续订劳动合同）

2. H 市有关部门为小栗子安排了提供补贴的公益性岗位，小栗子在该岗位上连续工作了 15 年，现距法定退休年龄不足 5 年。用人单位应与其签订无固定期限劳动合同。

[答案] 错误。（公益性岗位不适用）

3. 根据《劳动合同法》，萱草公司尚未建立工会时，经其 2/3 以上的职工推举的代表，可直接与公司订立集体合同。

[答案] 错误。（上级工会指导劳动者推举的代表与用人单位订立）

4. 萱草公司系建筑企业，其订立的行业性集体合同，报劳动行政部门备案后即行生效。

[答案] 错误。（集体合同是需要劳动行政部门审查的，如果 15 日内未提出异议则集体合同生效）

5. 小栗子系非全日制用工的劳动者，公司可随时终止劳动关系，但需支付补偿金。

[答案] 错误。（此种情况下，用人单位无需向劳动者支付经济补偿）

6. 果仁公司与胖墩劳务派遣公司签订协议，由其派遣小栗子到果仁公司担任保洁员，则小栗子的用人单位是果仁公司。

[答案] 错误。（胖墩公司是"用人单位"，果仁公司是"用工单位"）

7. 胖墩劳务派遣公司与帅帅公司签订劳务派遣协议，派小栗子到帅帅公司做车间主任，派遣期 3 个月。因为小栗子是在短期临时性工作岗位上工作，该派遣符合法律规定。

[答案] 错误。（"车间主任"不属于辅助性工作岗位，也并非临时性工作岗位）

第54讲　劳动争议调解仲裁法

考点 136 ▶ 劳动争议的认定

属 于	1. 因确认劳动关系发生的争议。 2. 因订立、履行、变更、解除和终止劳动合同发生的争议。 3. 因除名、辞退和辞职、离职发生的争议。 4. 因工作时间、休息休假、社会保险、福利、培训以及劳动保护发生的争议。 5. 因劳动报酬、工伤医疗费、经济补偿或者赔偿金等发生的争议。 6. 其他。
不属于	1. 劳动者请求社会保险经办机构发放社会保险金的纠纷。（主体错误） 2. 劳动者与用人单位因住房制度改革产生的公有住房转让纠纷。（内容错误） 3. 劳动者对劳动能力鉴定委员会的伤残等级鉴定结论或者对职业病诊断鉴定委员会的职业病诊断鉴定结论的异议纠纷。（主体错误） 4. 家庭或者个人与家政服务人员之间的纠纷。（主体错误） 5. 农村承包经营户与受雇人之间的纠纷。（主体错误）

考点 137 ▶ 劳动争议的解决方式

一般规定		1. 劳动争议的处理方式，包括协商、调解、仲裁、诉讼。 2. 发生劳动争议，当事人对自己提出的主张，有责任提供证据。与争议事项有关的证据属于用人单位掌握管理的，用人单位应当提供；用人单位不提供的，应当承担不利后果。
调 解		1. 当事人可以向调解组织申请调解，可以书面申请，也可以口头申请。 2. 调解协议书由双方当事人签名或者盖章，经调解员签名并加盖调解组织印章后生效。
支付令	情形1	1. 用人单位拖欠或者未足额支付劳动报酬的，劳动者可以依法向当地人民法院申请支付令，人民法院应当依法发出支付令。（《劳动合同法》第30条第2款） 2. 依上述规定申请支付令被法院裁定终结督促程序后，劳动者就劳动争议事项直接向法院起诉的，法院应当告知其先向劳动人事争议仲裁委员会申请仲裁。
	情形2	1. 因支付拖欠劳动报酬……事项达成调解协议，用人单位在协议约定期限内不履行的，劳动者可以持调解协议书依法向人民法院申请支付令。（《劳动争议调解仲裁法》第16条）

续表

支付令	情形 2	2. 依上述规定申请支付令被法院裁定终结督促程序后，劳动者依据调解协议直接向法院提起诉讼的，法院应予受理。
劳动争议的仲裁	当事人	劳务派遣单位或者用工单位与劳动者发生劳动争议的，劳务派遣单位和用工单位为共同当事人。
	管　辖	1. 管辖二选一。劳动争议由劳动合同履行地或者用人单位所在地的劳动争议仲裁委员会管辖。 2. 分别申请，合同履行地优先。双方当事人分别向劳动合同履行地和用人单位所在地的劳动争议仲裁委员会申请仲裁的，由劳动合同履行地的劳动争议仲裁委员会管辖。
	时　效	1. 一般时效：1 年。自劳动争议发生之日起 1 年内向劳动争议仲裁委员会提出书面申请。 2. 欠薪+在职，时效不受限。劳动关系存续期间因拖欠劳动报酬发生争议的，劳动者申请仲裁不受 1 年仲裁时效期间的限制；但是，劳动关系终止的，应当自劳动关系终止之日起 1 年内提出。
一裁终局	事　项	1. 追索劳动报酬、工伤医疗费、经济补偿或者赔偿金，不超过当地月最低工资标准 12 个月金额的争议。 2. 因执行国家的劳动标准在工作时间、休息休假、社会保险等方面发生的争议。
	处　理	［原则］仲裁裁决为终局裁决，裁决书自作出之日起发生法律效力。 ［例外］ 1. 劳动者对上述仲裁裁决不服的，可以自收到仲裁裁决书之日起 15 日内向人民法院提起诉讼。（倾斜保护） 2. 用人单位有证据证明上述仲裁裁决有下列情形之一，可以自收到仲裁裁决书之日起 30 日内向劳动争议仲裁委员会所在地的中级人民法院申请撤销裁决：……仲裁裁决被法院裁定撤销的，当事人可以自收到裁定书之日起 15 日内就该劳动争议事项向法院提起诉讼。
诉　讼		1. 例外：①小额纠纷、劳动标准的纠纷：仲裁生效后用人单位不得提起诉讼；②支付令失效后可直接提起诉讼。 2. 其他劳动争议纠纷：先裁再诉。 3. 仲裁委不予受理或者逾期未作出决定的，申请人可提起诉讼。 4. 逾期未作出仲裁裁决的，可起诉。 5. 对仲裁裁决不服的，除本法另有规定的外，可起诉。 6. 仲裁裁决被法院裁定撤销的，可起诉。

练 习 ▶ 判断正误

1. 糖栗子自动离职 1 年后，回原单位要求复职被拒绝属于劳动争议。

[答案] 正确。(属于确认劳动关系发生的争议)

2. 萱草去当地劳动能力鉴定委员会就伤残等级进行了相关鉴定，但对该鉴定结论有异议。该异议属于劳动争议。

[答案] 错误。(并非"劳动者与用人单位之间的纠纷")

3. 糖栗子是萱草公司的一名员工，后因某种原因被萱草公司辞退并引发争议。该争议不属于劳动争议。

[答案] 错误。(因除名、辞退和辞职、离职发生的争议，属于劳动争议)

4. 萱草因追索工资与所在公司发生争议，应向劳动者工资关系所在地的劳动争议仲裁委提出仲裁请求。

[答案] 错误。(应该向劳动合同履行地或用人单位所在地的劳动争议仲裁委员会)

5. 果仁公司一直拖欠高管萱草的工资，若双方对劳动仲裁裁决不服，只有萱草可以再行起诉。

[答案] 错误。(并未明确纠纷数额。如果金额数额过大，用人单位可以向法院起诉)

6. 果仁公司自 2017 年 3 月至今一直拖欠毛栗子的工资，现毛栗子就该争议欲申请仲裁，该申请应适用 1 年仲裁时效限制。

[答案] 错误。(欠薪+在职，时效不受限)

第14章 社会保障法

第55讲 社会保险法

考点 138 ▶ 社会保险一般制度

一般规则	1. "社保五险"：基本养老保险、基本医疗保险、工伤保险、失业保险、生育保险。 2. 社保是强制险，用人单位和劳动者必须参加社会保险。 3. 社会保险待遇，由劳动者享有。 4. 劳动者死亡后，其遗属依法享受遗属津贴。
社保费征缴	用人单位逾期仍未缴纳或者补足社会保险费的，社会保险费征收机构可采取的措施： 1. 可查询其存款账户。 2. 申请作出划拨社会保险费的决定，书面通知其开户银行或者其他金融机构划拨社会保险费。 3. 可以要求该用人单位提供担保，签订延期缴费协议。 4. 用人单位未足额缴纳且未提供担保的，社会保险费征收机构可以申请法院扣押、查封、拍卖其价值相当于应当缴纳社会保险费的财产，以拍卖所得抵缴社会保险费。
社会保险基金	1. 基本医疗保险基金与生育保险基金合并建账及核算。 2. 其他各项社会保险基金按照社会保险险种分别建账，分账核算。社会保险基金执行国家统一的会计制度。 3. 社会保险基金：不得违规投资运营，不得用于平衡其他政府预算，不得用于兴建、改建办公场所和支付人员经费、运行费用、管理费用，或者违反法律、行政法规规定挪作其他用途。
社会保险经办	1. 统筹地区设立社会保险经办机构。 2. 应当按时足额支付社会保险待遇。 3. 应当及时为用人单位建立档案。 4. 记录参加社会保险的个人缴费和用人单位为其缴费，以及享受社会保险待遇等个人权益记录，定期将个人权益记录单免费寄送本人。 5. 用人单位和个人可以免费向社会保险经办机构查询、核对其缴费和享受社会保险待遇记录，要求提供社会保险咨询等相关服务。

考点 139 ▶ 社会保险的险种

（一）养老险、失业险、医疗险、生育险

养老险	缴费	1. 基本养老金=统筹养老金+个人账户养老金。（双缴费）
		2. 用人单位：按本单位职工工资总额的比例缴纳，记入基本养老保险统筹基金。
		3. 职工个人：按本人工资的比例缴纳，记入个人账户。 （1）个人账户不得提前支取，不得低于定期存款利率，免征利息税； （2）个人账户余额可以继承。
	领取	1. 法定退休年龄+累计15年→按月领取基本养老金。 2. 达到法定退休年龄时累计缴费不足15年→可以缴费至满15年，按月领取基本养老金；也可以转入新型农村社会养老保险或者城镇居民社会养老保险。 3. 个人跨统筹地区就业的，其基本养老保险关系随本人转移，缴费年限累计计算。个人达到法定退休年龄时，基本养老金分段计算、统一支付。具体办法由国务院规定。
失业险	缴费	用人单位和劳动者个人均要缴费。
	领取	1. 失业前用人单位和本人已经缴纳失业保险费满1年的。 2. 非因本人意愿中断就业的。 3. 已经进行失业登记，并有求职要求的。 4. 职工跨统筹地区就业的，其失业保险关系随本人转移，缴费年限累计计算。
生育险	缴费	1. 职工不缴纳生育保险费。 2. 用人单位缴费。
	待遇	生育保险待遇=生育医疗费用+生育津贴。 1. 生育医疗费用包括：①生育的医疗费用；②计划生育的医疗费用；③其他项目费用。 2. 生育津贴包括：①女职工生育享受产假；②享受计划生育手术休假；③其他情形。
医疗险	缴费	1. 实行个人缴费和政府补贴相结合。 2. 享受最低生活保障的人、丧失劳动能力的残疾人、低收入家庭60周岁以上的老年人和未成年人等所需个人缴费部分，由政府给予补贴。（低保；残疾；老；少）
	支付	1. 下列医疗费用，不纳入基本医疗保险基金支付范围： （1）应当从工伤保险基金中支付的； （2）应当由第三人负担的；（应当由第三人负担，第三人不支付或者无法确定第三人的，由基本医疗保险基金先行支付；基本医疗保险基金先行支付后，有权向第三人追偿）

续表

| 医疗险 | 支　付 | (3) 应当由公共卫生负担的；
(4) 在境外就医的。 |
| | | 2. 个人跨统筹地区就业的，其基本医疗保险关系随本人转移，缴费年限累计计算。 |

（二）工伤保险

<table>
<tr><td rowspan="2">认　定</td><td>工伤情形</td><td colspan="3">1. 在工作时间和工作场所内，因工作原因受到事故伤害的。（最经典的定义）
2. 在工作时间和工作场所内受到伤害，用人单位或者社会保险行政部门没有证据证明是非工作原因导致的。
3. 在上下班途中，受到非本人主要责任的交通事故或者城市轨道交通、客运轮渡、火车事故伤害的。
4. 其他情形。（略）</td></tr>
<tr><td>非工伤情形</td><td colspan="3">1. 故意犯罪；醉酒；吸毒；自残；自杀。
2. 职工因工外出期间，从事与工作或者受用人单位指派外出学习、开会无关的个人活动受到伤害的。</td></tr>
<tr><td rowspan="5">工伤发生费用的支付</td><td>未参保单位</td><td colspan="3">未参保单位职工发生工伤时的处理：由用人单位支付。</td></tr>
<tr><td rowspan="4">参保单位
（分别支付）</td><td>单位支付的费用</td><td>工伤保险基金支付的费用。</td></tr>
<tr><td>治疗期间</td><td>工资福利</td><td>1. 医疗费用和康复费用。
2. 住院伙食补助费。
3. 外地就医的交通食宿费。</td></tr>
<tr><td>津贴、补助、费用</td><td>五级、六级伤残津贴</td><td>1. 一次性伤残补助金。
2. 一至四级伤残津贴。
3. 安装配置伤残辅助器具所需费用。
4. 生活不能自理的，经确认的生活护理费。
5. 因工死亡的，其遗属领取的丧葬补助金、供养亲属抚恤金和因工死亡补助金。
6. 劳动能力鉴定费。</td></tr>
<tr><td>终止或解除合同时</td><td>一次性伤残就业补助金</td><td>一次性医疗补助金。</td></tr>
<tr><td>劳务派遣</td><td colspan="4">在用工单位工作期间因工伤亡的，派遣单位为承担工伤保险责任的单位。（因为工伤保险关系依附于劳动合同关系）</td></tr>
</table>

续表

停享待遇	1. 丧失享受待遇条件的。 2. 拒不接受劳动能力鉴定的。 3. 拒绝治疗的。	
民事侵权和工伤保险责任竞合	认　定	（工伤认定：分离） 职工因第三人的原因受到伤害，社会保险行政部门以职工或者其近亲属已经对第三人提起民事诉讼或者获得民事赔偿为由，作出不予受理工伤认定申请或者不予认定工伤决定的，法院不予支持。
	赔　偿	（赔偿：可兼得） 职工因第三人的原因受到伤害，社会保险行政部门已经作出工伤认定，职工或者其近亲属未对第三人提起民事诉讼或者尚未获得民事赔偿，起诉要求社会保险经办机构支付工伤保险待遇的，法院应予支持。
		（医疗费用：单份） 1. 职工因第三人的原因导致工伤，社会保险经办机构以职工或者其近亲属已经对第三人提起民事诉讼为由，拒绝支付工伤保险待遇的，法院不予支持，但第三人已经支付的医疗费用除外。 2. 由于第三人的原因造成工伤，第三人不支付工伤医疗费用或者无法确定第三人的，由工伤保险基金先行支付。工伤保险基金先行支付后，有权向第三人追偿。

练 习 ▶ 判断正误

1. 国家建立社会保险制度，是为了使劳动者在年老、患病、工伤、失业、生育等情况下获得帮助和补偿。

[答案] 正确。

2. 劳动者死亡后，其社会保险待遇由遗属继承。

[答案] 错误。（社会保险待遇，即养老金、失业救济金等的性质，理论上应属带有身份性的权利，不得继承）

3. 用人单位缴纳的基本养老保险费按规定比例记入个人账户。

[答案] 错误。（应记入基本养老保险统筹基金）

4. 某公司聘用小栗子，其后解除了与小栗子的劳动合同。若小栗子选择跨统筹地区就业，可申请退还其个人缴纳的失业保险费。

[答案] 错误。（失业保险费只可转移，不可申请退还）

5. 萱草为某公司员工，在工作中因机器质量缺陷受伤并被认定为工伤，如机器制造商已支付工伤医疗费，萱草仍有权获得工伤保险基金支付的工伤医疗费。

[答案] 错误。（医疗费用应是单份，不可双份）

6. 参保单位职工发生工伤后，在终止或者解除劳动合同时，工伤保险基金应支付职工一次性伤残就业补助金。

[答 案] 错误。(应当由用人单位支付)

7. 参保单位职工发生工伤后，工伤保险基金应支付一次性伤残补助金和一至四级伤残职工按月领取的伤残津贴。

[答 案] 正确。

第56讲 军人保险法

考点 140 ▶ 军人保险险种

军人 伤亡保险	1. 因战、因公死亡：给付军人死亡保险金。 2. 因战、因公、因病致残：给付军人残疾保险金。 3. 退役参加工作后旧伤复发：享受相应的工伤待遇。 4. 不享受军人伤亡保险待遇：①故意犯罪的；②醉酒或者吸毒的；③自残或者自杀的。（罪酒毒杀） 5. 军人个人不缴纳保险费。
退役 养老保险	1. 国家给予退役养老保险补助。 2. 军人入伍前，或者退出现役后：参加基本养老保险的，相关部门办理转移接续手续。 3. 缴费年限合并计算（服现役+入伍前+退役后，参加职工基本养老保险的缴费年限合并计算）。
退役 医疗保险	1. 军官、文职干部、士官：缴纳军人退役医疗保险费。国家同等数额给予补助。 2. 义务兵、供给制学员不缴纳。国家补助。 3. 服现役+入伍前+退役后：缴费年限合并计算。 4. 军人入伍前，或者退出现役后：参加基本医疗保险的，相关部门办理转移接续手续。
随军未就业 的军人配偶 保险	1. 包括：养老保险、医疗保险。 2. 个人应当缴纳养老保险费和医疗保险费，国家给予相应的补助。 3. 军人配偶无正当理由拒不接受就业安置，或介绍的适当工作、提供的就业培训的，停止给予保险缴费补助。 4. 随军期间+在地方缴费期间：缴费年限合并计算。

练 习 ▶ 判断正误

1. 小栗子在地方单位工作的3年因专业技术突出被招入某军区工作，在某军区服役5年后退役转回原单位，现已在原单位工作了1年，其军队服役期间缴费部分现仍应当由军队保险基金专户保管。

[答 案] 错误。(其服役期间缴费的资金应当转入地方社会保险经办机构)

2. 萱草系军队退役人员，其军队服役期间与入伍前和退出现役后参加职工基本养老保险的缴费年限应合并计算。

[答　案] 正确。

第 15 章 环境保护法

第 57 讲 环境影响评价

考点 141 ▶ 环评分类；禁止重复评价

规划的环评		1. 在规划编制过程中组织进行环境影响评价，编写该规划有关环境影响的篇章或者说明。 2. 在该专项规划草案上报审批前，组织进行环境影响评价，……提出环境影响报告书。未附送环境影响报告书的，审批机关不予审批。 3. 对可能造成不良环境影响并直接涉及公众环境权益的规划，应当在该规划草案报送审批前，举行论证会、听证会。 4. 有重大影响的规划实施后，应当及时组织……跟踪评价，并将评价结果报告审批机关。
建设项目的环评	三分类 （分类登记）	1. 可能造成重大环境影响的建设项目→报告书+全面评价+审批。 2. 可能造成轻度环境影响的建设项目→报告表+专项评价+审批。 3. 对环境影响很小的建设项目→登记表+备案（无需审批）。
	两特殊 （特殊环评）	【后评价】 在项目建设、运行过程中，产生不符合经审批的环境影响评价文件的情形的，建设单位应当组织环境影响的后评价，采取改进措施，并报原环境影响评价文件审批部门和建设项目审批部门备案。 【再评价】 1. 建设项目的环境影响评价文件经批准后，建设项目的性质、规模、地点、采用的生产工艺或者防治污染、防止生态破坏的措施发生重大变动的，建设单位应当重新报批建设项目的环境影响评价文件。 2. 建设项目的环境影响评价文件自批准之日起超过5年，方决定该项目开工建设的，其环境影响评价文件应当报原审批部门重新审核。
	三禁止	【禁1】审核、审批建设项目环境影响报告书、报告表以及备案环境影响登记表，不得收取任何费用。

续表

建设项目的环评	三禁止	【禁2】建设项目的环境影响评价文件未经审批部门依法审查或者审查后未予批准的，建设单位不得开工建设。
		【禁3】环评技术服务的机构，不得与……审批部门存在任何利益关系。
	审批机构	生态环境部审批：涉核、涉密、跨省的建设项目。
		共同上级生态环境部门审批：建设项目可能造成跨行政区域的不良环境影响，有关环境部门对该项目的环境影响评价结论有争议的。
关　系		1. 建设项目的环境影响评价，应当避免与规划的环境影响评价相重复。 2. 作为一项整体建设项目的规划，按照建设项目进行环境影响评价，不进行规划的环境影响评价。 3. 已经进行了环境影响评价的规划包含具体建设项目的，规划的环境影响评价结论应当作为建设项目环境影响评价的重要依据，建设项目环境影响评价的内容应当根据规划的环境影响评价审查意见予以简化。　【总结】建设项目——均要环评

第58讲　环境保护法

考点 142 ▶ 环境保护法律制度

三同时制度	建设项目主体工程+环保防治污染的设施：同时设计、同时施工、同时投产使用。（包括同时投入试运行、同时竣工验收）
环保税	1. 对大气污染物、水污染物、固体废物和噪声四类污染物，由税务部门征收环保税。 2. 超过污染物排放标准或者超过重点污染物排放总量控制指标排放污染物的，县级环保局可以责令其采取限制生产、停产整治等措施；情节严重的，报经有批准权的人民政府批准，责令停业、关闭。
总量控制	1. 针对重点污染物排放的地区和流域。 2. 程序：国务院下达重点污染物排放总量控制指标→省级政府分解落实→企业事业单位遵守分解落实到本单位的总量控制指标。 3. 对超过国家重点污染物排放总量控制指标或者未完成国家确定的环境质量目标的地区，省级以上环保局应当暂停审批其新增重点污染物排放总量的建设项目环境影响评价文件。
环境质量标准	1. 环境质量标准，是环境中所允许含有有害物质或因素的最高限额。	二者关系：根据国家环境质量标准、国家经济、
	2. 环境质量标准是确认环境是否被污染，以及排污者承担相应民事责任的主要根据。	

续表

环境质量标准	3. 分类 （1）国标。 （2）地标。省级政府对国家环境质量标准中未作规定的项目，可以制定地方环境质量标准。对国家环境质量标准中已作规定的项目，可以制定严于国家环境质量标准的地方环境质量标准。地方标准报国务院生态环境主管部门备案。	技术条件，制定国家污染物排放标准。（环境质量标准是基础）
排污标准	1. 污染物排放标准，是允许排污企业排放污染物或有害环境的能量的最高限额。 2. 污染物排放标准是认定排污行为是否合法，以及排污者承担行政法律责任的主要根据。 3. 分类同"环境质量标准"。	

信息公开和公众参与	重点排污单位	向社会公开其主要污染物的名称、排放方式、排放浓度和总量、超标排放情况，以及防治污染设施的建设和运行情况，接受社会监督。
	编制环境影响报告书建设项目的建设单位	编制时向可能受影响的公众说明情况，充分征求意见。
	负责审批建设项目环境影响评价文件的部门	收到建设项目环境影响报告书后，除涉及国家秘密和商业秘密的事项外，应当全文公开；发现建设项目未充分征求公众意见的，应当责成建设单位征求公众意见。

生态红线制度	1. 国家在重点生态功能区、生态环境敏感区和脆弱区等区域划定生态保护红线，实行严格保护。（功、敏、脆） 2. 国家加大对生态保护地区的财政转移支付力度。 3. 国家指导受益地区和生态保护地区政府通过协商或者按照市场规则进行生态保护补偿。 4. 引进外来物种以及研究、开发和利用生物技术，应当采取措施，防止对生物多样性的破坏。
政府统筹	1. 污水处理设施及配套管网。 2. 固体废物的收集、运输和处置等环境卫生设施。 3. 危险废物集中处置设施、场所以及其他环境保护公共设施，并保障其正常运行。
其　　他	1. 防治污染的设施不得擅自拆除或者闲置。 2. 禁止将不符农用标准和环保标准的固体废物、废水施入农田。 3. 造成或者可能造成严重污染的……可以查封、扣押造成污染物排放的设施、设备。

考点 143 ▶ 环境民事责任、行政责任

环境民事责任	污染者	1. 污染者：无过错责任。应当就其行为与损害之间不存在因果关系承担举证责任。 2. 下列情况，可认定污染行为与损害之间不存在因果关系： （1）排放的污染物没有造成该损害可能的； （2）排放的可造成该损害的污染物未到达该损害发生地的； （3）该损害于排放污染物之前已发生的。
	受害人	1. 被侵权人：提供被告侵权和自己受害的基本事实。 2. 需要提供证明以下事实的证据材料：①污染者排放了污染物；②被侵权人的损害；③污染者排放的污染物或者其次生污染物与损害之间具有关联性。
	第三者	1. 因第三人的过错污染环境造成损害的，被侵权人可以向污染者请求赔偿，也可以向第三人请求赔偿。 2. 污染者赔偿后，有权向第三人追偿。（第三人不免责）
	多人致害	1. 多人+共同实施污染行为→连带责任。 2. 多人+分别实施+单一污染均足以造成全部损害→连带责任。 3. 多人+分别实施+单一污染都不足以造成全部损害→污染者承担责任。 4. 多人分别实施：①部分污染者足以造成全部损害→共同损害部分为连带责任，其对全部损害承担责任；②部分污染者只造成部分损害→可请求污染者承担责任。
	连带	环境影响评价机构+环境监测机构+环境监测设备和防治污染设施维护、运营的机构弄虚作假……应当承担连带责任。
诉讼问题		1. 环境公益诉讼主体：①依法在设区的市级以上人民政府民政部门登记的社会组织；②专门从事环境保护公益活动连续5年以上且无违法记录。 2. 环境公益诉讼不受地域限制（可跨区域）。 3. 环境公益诉讼，不影响同一污染行为的受害人提起私益诉讼。生效判决有利于私益诉讼原告的，该原告可在诉讼中主张适用。 4. 停止侵害、排除妨碍、消除危险——无时效限制。 5. 环境损害赔偿诉讼——时效3年。 6. 环境侵权纠纷中，环境行政调解处理不是必经程序。
行政责任		1. 构成要件 （1）行为人主观上有过错； （2）行为违法； （3）行为产生了危害后果；

续表

行政责任	（4）违法行为和危害后果之间有因果关系。 （3、4两项不是所有的行政责任的必备要件，只在法律有明确规定时才成为环境行政责任构成的必备要件）
	2. 违法排放污染物，受到罚款处罚，被责令改正，拒不改正的：可以自责令改正之日的次日起，按照原处罚数额按日连续处罚。
	3. 罚款金额的确定：按照防治污染设施的运行成本、造成的直接损失（或违法所得）等因素确定的规定执行。

练 习 ▶ 判断正误

1. 超过污染物排放标准或者超过重点污染物排放总量控制指标排放污染物的，生态环境主管部门应当责令其停业、关闭。

[答案] 错误。（情节严重报经有批准权的政府批准，责令停业、关闭）

2. 各级政府对国家环境质量标准中未作规定的项目，可以制定地方环境质量标准。

[答案] 错误。（省级政府可制定地方标准）

3. 建设项目可能造成重大环境影响的，应该编制环境影响报告表。

[答案] 错误。（重大环境影响→报告书）

4. 萱草公司现有一化工建设项目在三省交界处，将跨 H 省、M 省和 S 直辖市区域。该环境影响评价文件需要由国务院生态环境主管部门负责审批。

[答案] 正确。

5. 当建设项目可能对环境产生不良影响时，应由相关主管部门为该建设单位指定环境影响评价的机构编制环境影响评价文件。

[答案] 错误。（任何单位和个人不得为建设单位指定对其建设项目进行环境影响评价的机构）

6. 只有和该污染事故有利害关系的组织才可以提起环境公益诉讼。

[答案] 错误。

7. 当提起环境民事公益诉讼之后，因同一污染环境行为受到人身财产损害的公民不得依据同一事实和理由提起侵权诉讼。

[答案] 错误。（环境公益诉讼不影响公民个人提起侵权诉讼）

8. 萱草公司违法排污流经小栗子家的农田，严重影响了庄稼生长，小栗子据此要求萱草公司停止侵害并赔偿损失。该请求适用 3 年诉讼时效。

[答案] 错误。（赔偿损失适用 3 年诉讼时效，但停止侵害不适用）

9. 环境污染受害人应当就其污染者行为与损害之间存在因果关系承担举证责任。

[答案] 错误。（污染者应当就其行为与损害之间不存在因果关系承担举证责任）

第 16 章 自然资源法

第59讲 森林法、矿产资源法

考点144 ▶ 森林法律制度

（一）权属制度

立法理念	绿水青山就是金山银山。
制度支持	1. 国家建立森林生态效益补偿制度。 2. 加大公益林保护支持力度。 3. 完善重点生态功能区转移支付政策，指导受益地区和森林生态保护地区人民政府通过协商等方式进行生态效益补偿。 4. 国家通过贴息、林权收储担保补助等措施，鼓励和引导金融机构开展涉林抵押贷款、林农信用贷款等符合林业特点的信贷业务，扶持林权收储机构进行市场化收储担保。 5. 国家支持发展森林保险。
所有权	1. 森林：属于国家所有；可由法律规定属于集体所有。
所有权	2. 林木 （1）农村居民在房前屋后、自留地、自留山种植的林木，归个人所有； （2）城镇居民在自有房屋的庭院内种植的林木，归个人所有； （3）承包者：集体或者个人承包国家所有和集体所有的宜林荒山荒地荒滩营造的林木，归承包的集体或者个人所有。（合同另有约定的从其约定）
权属登记	1. 林地和林地上的森林、林木的所有权、使用权，由不动产登记机构统一登记造册，核发证书。 2. （国家重点林区）的森林、林木和林地，由国务院自然资源主管部门负责登记。
国有林地使用权	经批准可以转让、出租、作价出资等。
集体林地使用权	1. 实行承包经营的： （1）承包方享有林地承包经营权和承包林地上的林木所有权，合同另有约定的从其约定；

续表

集体林地 使用权	(2) 承包方可以依法采取出租（转包）、入股、转让等方式流转林地经营权、林木所有权和使用权。（应当签订书面合同） 2. 未实行承包经营的： (1) 由农村集体经济组织统一经营； (2) 经村民会议 2/3 以上成员或者 2/3 以上村民代表同意并公示，可以通过招标、拍卖、公开协商等方式依法流转。（应当签订书面合同）
权属争议 （先处理- 再诉讼）	1. ［先处理］①单位之间发生的林木、林地所有权和使用权争议→由县级以上人民政府依法处理；②个人之间、个人与单位之间发生的林木所有权和林地使用权争议→由乡镇人民政府或县级以上人民政府依法处理。 2. ［再诉讼］当事人对政府的处理决定不服的→可以向法院起诉。 3. ［维持现状］权属争议解决前，除因森林防火……需要外，当事人任何一方不得砍伐有争议的林木或者改变林地现状。

（二）森林保护措施

森林防火	1. 地方各级人民政府负责本行政区域的森林防火工作，发挥群防作用。 2. 国家综合性消防救援队伍承担国家规定的森林火灾扑救任务和预防相关工作。
林地保护	1. 严格控制林地转为非林地，实行占用林地总量控制，确保林地保有量不减少。 2. 各类建设项目占用林地不得超过本行政区域的占用林地总量控制指标。
临时用地	1. 应当经县级以上人民政府林业主管部门批准。 2. 一般不超过 2 年。 3. 不得修建永久性建筑物。 4. 临时使用林地期满后 1 年内，用地单位或者个人应当恢复植被和林业生产条件。

（三）森林分类经营管理

公益林	1. 包括：森林生态区位重要，或者生态状况脆弱，以发挥生态效益为主要目的的林地和林地上的森林。 2. 国家对公益林实施严格保护。……可以合理利用公益林林地资源和森林景观资源，适度开展林下经济、森林旅游等。 3. 公益林只能进行抚育、更新和低质低效林改造性质的采伐。（但因科研或者实验……需要采伐的除外。）
商品林	1. 未划定为公益林的林地和林地上的森林属于商品林。 2. 商品林由林业经营者依法自主经营。 3. 商品林……严格控制皆伐面积，伐育同步规划实施。
自然 保护区林	自然保护区的林木，禁止采伐。（但是，因防治林业有害生物……特殊情况必须采伐的和实验区的竹林除外）

右上角：续表

禁止性规定	1. 任何组织和个人不得侵犯森林、林木、林地的所有者和使用者的合法权益。 2. 不得非法改变林地用途和毁坏森林、林木、林地。 3. 禁止毁林开垦、采石、采砂、采土以及其他毁坏林木和林地的行为。 4. 禁止向林地排放重金属或者其他有毒有害物质…… 5. 禁止在幼林地砍柴、毁苗、放牧。 6. 禁止擅自移动或者损坏森林保护标志。 7. 禁止破坏古树名木和珍贵树木及其生存的自然环境。

考点 145 ▶ 矿产资源法律制度

权属制度	1. 矿产资源属于国家所有。 2. 地表或者地下的矿产资源的国家所有权，不因其所依附的土地所有权或者使用权的不同而改变。 3 矿业权包括：探矿权和采矿权。国家实行探矿权、采矿权有偿取得的制度。 4. 开采矿产资源，必须按照国家有关规定缴纳资源税和资源补偿费。
勘查开发管理	1. 实行统一规划、合理布局、综合勘查、合理开采和综合利用的方针。
	2. 国家对矿产资源勘查实行统一的区块登记管理制度。
	3. 实行中央政府和省级政府两级审批制度。
	4. 有计划开采 （1）对国家规划矿区； （2）对国民经济具有重要价值的矿区； （3）实行保护性开采的特定矿种。 未经国务院有关主管部门批准，任何单位和个人不得开采。
	5. 对集体矿山企业和个体采矿实行积极扶持、合理规划、正确引导、加强管理的方针。
	6. 允许个人采挖项目 （1）零星分散资源； （2）只能用作普通建筑材料的砂、石、粘土； （3）为生活自用采挖少量矿产； （4）矿产储量规模适宜由矿山企业开采的矿产资源、国家规定实行保护性开采的特定矿种、禁止个人开采的其他矿产资源，个人不得开采。
	7. 矿区争议解决 （1）矿区范围的争议，由当事人协商解决； （2）协商不成的，由有关县级以上地方人民政府根据依法核定的矿区范围处理； （3）跨省、自治区、直辖市的矿区范围的争议，由有关省级人民政府协商解决，协商不成的，由国务院处理。

练 习 ▶ 判断正误

1. 森林资源属于国家所有以及集体所有，经批准可以个人所有。

[答 案]错误。

2. 个人承包国家所有和集体所有的宜林荒山荒地造林的，承包合同无约定的，承包后种植的林木归个人所有。

[答 案]正确。

3. 城镇居民和职工在房前屋后种植的林木，归个人所有。

[答 案]错误。（城镇居民和职工只有在自有房屋的庭院内种植的林木才能归个人所有）

4. H 省与 A 自治区就某矿区范围发生争议，应直接由国务院进行处理。

[答 案]错误。（矿区范围的争议，由当事人协商解决，协商不成的，由国务院处理）

5. 探矿权、采矿权可以转让的情形有两种：①探矿权人在勘查作业区内优先取得探矿权；②已取得采矿权的矿山企业变更采矿权主体的，经依法批准可以转让相应的探矿权和采矿权。

[答 案]正确。

第 17 章　著作权法

第60讲　著作权概述

考点 146 ▶ 著作权的客体

取得著作权的条件	中国公民	中国公民+作品创作完成之日→产生著作权。不以是否"发表"为条件（自动保护原则，仅限于著作权）。
	外国人	外国人、无国籍人：（满足一个条件即可） 1. 作者所属国或者经常居住地国同中国签订的协议、国际条约享有著作权→享有中国著作权。 2. 作品首先在中国境内出版→享有中国著作权。 3. 作品首次在中国参加的国际条约的成员国出版的，或者在成员国和非成员国同时出版的→享有中国著作权。
作　品	判断标准	1. 作品具有独创性。 2. 作品具有可复制性。 3. 国家对作品的出版、传播进行监督管理，所以，淫秽书刊、暴力电影属于作品，只是禁止出版传播。
	种　类	文字作品；口述作品；音乐作品；美术作品；摄影作品；电影作品；计算机软件。
	不予保护对象	1. 官方文件。 2. 时事新闻。 3. 历法、数表、通用表格和公式。（如元素周期表、乘法口诀） 4. 头脑中的创意。

续表

保护期	著作权的保护期限（如果超过权利保护期，他人即可再次使用）
	保护期限 { 署名权、修改权、完整权：永久 发表权、财产权 { 公民作品 { 一般作品：终身+50年12月31日 影视、摄影作品：发表+50年12月31日 单位作品：发表+50年12月31日

练　习▶　判断正误

1. 禁止在我国出版或传播的色情淫秽小说同样属于著作权法保护的范围。

[答案] 正确。

2.《光明日报》发表的"奥运会，中国不是唯金牌论者"评论属于著作权保护范围。

[答案] 正确。（"评论文章"不同于"时事新闻"，评论文章是作品）

考点147▶　著作权的主体——作者

合作作品	1. 著作权由合作作者共同享有。 2. 没有参加创作的人，不能成为合作作者。 3. "没有参加创作"，是指为他人创作进行组织工作、提供咨询意见、物质条件或者进行了其他辅助工作。 4. 可分割使用的合作作品：作者对各自创作的部分可以单独享有著作权；但行使著作权时不得侵犯合作作品整体的著作权。 5. 不可分割使用的合作作品：协商一致行使；不能协商一致又无正当理由的：①任何一方不得阻止他方行使除转让以外的其他权利；②所得收益应当合理分配。
委托作品	1. 有约定的，从约定。 2. 无约定时：著作权属于受托人。 （1）委托人在约定的使用范围内享有免费使用作品的权利； （2）双方没有约定使用作品范围的，委托人可以在委托创作的特定目的范围内免费使用该作品。
报告、讲话	由他人执笔，本人审阅定稿并以本人名义发表的报告、讲话等作品： 1. 著作权归报告人或者讲话人享有。 2. 著作权人可以支付给执笔人适当的报酬。
自传体作品	1. 有约定的从约定；无约定的，著作权归该特定人物享有。 2. 执笔人或者整理人可以要求获得适当报酬。 3. 自传体作品≠人物传记，"人物传记"著作权归作者。
美术作品	字库中单字，若符合"独创性、可复制性"，则构成独立美术作品。

续表

原件所有权转移作品	作品所有权和展览权由原件所有人享有。（如一幅油画）
电影作品	1. 电影作品，著作权由制片者享有。 2. 剧本、音乐等可以单独使用的作品，编剧、词曲作者有权单独行使其著作权。
摄影作品	著作权归摄影师或影楼。（如照片）
演绎作品	1. 含义：改编、翻译、注释、整理已有作品而产生的作品。 2. 属于独立作品。 3. 著作权由改编、翻译、注释、整理人享有。 4. 但行使著作权时不得侵犯原作品的著作权。
汇编作品	1. 含义：汇编若干作品、作品的片段或者不构成作品的数据或者其他材料，对其内容的选择或者编排体现独创性的作品。 2. 属于独立作品。 3. 著作权由汇编人享有。 4. 但行使著作权时不得侵犯原作品的著作权。
遗　著	1. 署名权、修改权和保护作品完整权由作者的继承人或者受遗赠人保护。 2. 作者生前未发表的作品，如果作者未明确表示不发表，作者死亡后50年内，其发表权可由继承人或者受遗赠人行使；没有继承人又无人受遗赠的，由作品原件的所有人行使。 3. 著作权的财产权由作者的继承人或者受遗赠人继承。
一般职务作品	1. 含义：为完成单位工作任务，但未主要利用单位物质技术条件的作品。 2. 著作权由作者享有。 3. 法人和其他组织有权在业务范围内优先使用。 4. 作品完成2年内，未经单位同意，作者不得许可第三人或者其他组织以与单位相同的方式使用该作品。作品完成2年内，经单位同意，作者许可第三人以与单位使用的相同方式使用作品所获得的报酬，由作者和单位按约定比例分配。
特殊职务作品	1. 含义：①工程设计图、产品设计图、地图、计算机软件等；②主要是利用法人或者其他组织的物质技术条件创作；③并由法人或者其他组织承担责任。 2. 作者享有署名权，可以给予作者奖励。 3. 著作权的其他权利，由法人或者其他组织享有。

练 习 ▶ 判断正误

1. 小榛子作曲、小板栗填词，合作创作了歌曲《肚子歌》。小榛子拟将该歌曲授权歌星小毛栗演唱，小板栗坚决反对。小榛子不顾反对，重新填词并改名为《腰子歌》，仍与小毛栗签订许可使用合同。小榛子侵害了《肚子歌》歌曲的整体著作权。

答　案 错误。（①歌曲《肚子歌》属于可分割使用的合作作品；②歌曲《腰子歌》的词曲

作者均为小榛子，其著作权为小榛子独有）

2. 萱草展览馆为吸引市民关注，委托雕塑家小榛子创作了一座巨型雕塑"毛栗子"，将其放置在公园入口，委托创作合同中未约定版权归属，也未约定委托范围。萱草展览馆许可草草博物馆异地重建完全相同的雕塑，这不侵犯著作权。

[答案]错误。（"异地重建"并非"委托创作的特定目的范围内"）

3. 糖栗子用电脑技术合成一种特殊字体"萱萱体"，自成体系，审美价值很高。该种字体构成独立的美术作品。

[答案]正确。（"自成体系""审美价值很高"，这表明"萱萱体"符合美术作品的界定）

考点148 ▶ 著作权的内容

（一）著作人身权

著作人身权	是否侵权
1. 发表权 （1）是否公之于众，是作者的权利； （2）发表权是一次性权利； （3）发表方式多种多样，作者可以决定以何种方式公之于众。	1. 他人未经作者许可，将作者作品公之于众→构成侵权。 2. 一旦作品公开，他人可能会侵犯作者的其他权利（如复制权等），但不再侵害发表权。 3. 发表权的保护期有时间限制，超过保护期发表→不构成侵权。
2. 署名权 （1）决定是否署名；署名的方式（如署真名、笔名、网名）；署名的顺序。 （2）禁止未参加创作的人在作品上署名。 （3）禁止他人假冒署名，即有权禁止他人盗用自己的姓名或笔名在他人作品上署名。	1. 他人未参加创作但署名→构成侵权。 2. 盗用某人姓名在自己作品上署名→构成侵权。（如美院学生张三在自己创作的油画上署名吴冠中） 3. 署名权、修改权、保护作品完整权的保护期不受限制。
3. 修改权 修改权≠改编权。	1. 未经作者许可，图书出版者对作品修改、删节→构成侵权。 2. 报社、期刊社未经许可对内容的修改→构成侵权。 3. 报社、期刊社对作品作文字性修改、删节→不构成侵权。 4. 未经作者许可，改编作品创作出具有独创性的新作品→构成侵权，但是侵犯"改编权"，而非侵犯"修改权"。
4. 保护作品完整权 如恶搞红色经典小说→构成侵权。	他人歪曲、篡改作者的作品→构成侵权。

（二）著作财产权

著作财产权 （保护期）	是否侵权
复制权、发行权	他人未经作者许可，采用"印刷、复印、拓印、录音、录像、翻录、翻拍"等方式（如盗版）→构成侵权。
出租权 （电影作品、计算机软件）	他人购买正版电影作品、计算机软件后出租（有偿许可他人临时使用）→构成侵权。
表演权 （公开表演、公开播送）	1. 未经作者许可，公开表演作品→构成侵权。 2. 酒店、咖啡馆等经营性单位未经许可播放背景音乐→构成侵权（侵犯音乐作品的机械表演权）。
改编权 翻译权 汇编权 （演绎）	1. 未经原作者许可，改变原作品，创作出具有独创性的新作品→构成侵权（如将小说改编为电影剧本）。 2. 未经许可的翻译→构成侵权。 3. 未经许可将原作品或者作品片段通过选择或者编排，汇集成新作品→构成侵权。 4. 演绎人（改编人、翻译人、汇编人）享有著作权，但是要承担侵权责任。
信息网络传播权	他人未经作者许可，向公众提供作品网络下载→构成侵权。
广播权 （无线方式、有线方式、扩音器等方式）	1. 广播权是作者的权利。 2. "播放者权"是广播电台、电视台的权利。（见下文） 3. 要区分侵犯的是"哪一项权利"。
展览权 （公开陈列美术作品、摄影作品）	美术等作品原件所有权转移，所有权人未经作者许可展览该美术作品→不构成侵权。
放映权、摄制权	略
许可权	著作权许可合同没有约定或者约定不明的，视为被许可人有权排除包括著作权人在内的任何人以同样的方式使用作品。（专有使用权）

练　习 ▶ 判断正误

1. 王美在某网站中开设博客，某日她发表的《一起去旅行》散文被该网站以写作水平不高为由删除，删除文章的行为没有侵犯王美的发表权。

[答案]正确。（该文章的发表权已消灭，所以不存在再侵害"发表权"）

2. 应出版社约稿，小板栗创作完成一部儿童题材小说《板栗猫历险记》。为吸引儿童阅读，增添小说离奇色彩，特意将小说中的板栗猫写成三只腿的动物。出版社编辑在编辑过程中，认为作者有笔误，直接将猫改写成四只腿的动物。出版社侵犯了作者的修改权。

[答案]正确。

考点149 ▶ 合理使用制度、法定许可制度

（一）合理使用

一般规则	1. 合理使用，是指在下列法定情况下使用作品，可以不经著作权人许可，不向其支付报酬，但应当指明作者姓名、作品名称，并且不得侵犯著作权人依照本法享有的其他权利。（不许可，不付费） 2. 在下列法定情况下使用作品时，适用于对出版者、表演者、录音录像制作者、广播电台、电视台的权利的限制。（不许可，不付费）	
个　人	为个人学习、研究或者欣赏，使用他人已经发表的作品。	
媒　体	1. 时事新闻	为报道时事新闻，在报纸、期刊、广播电台、电视台等媒体中不可避免地再现或者引用已经发表的作品。
	2. 政经宗	报纸、期刊、广播电台、电视台等媒体刊登或者播放其他报纸、期刊、广播电台、电视台等媒体已经发表的关于政治、经济、宗教问题的时事性文章，但作者声明不许刊登、播放的除外。
	3. 公众集会	报纸、期刊、广播电台、电视台等媒体刊登或者播放在公众集会上发表的讲话，但作者声明不许刊登、播放的除外。
公　务	国家机关为执行公务在合理范围内使用已经发表的作品。	
公　益	1. 学校	为学校课堂教学或者科学研究，翻译或者少量复制已经发表的作品，供教学或者科研人员使用，但不得出版发行。
	2. 五馆	图书馆、档案馆、纪念馆、博物馆、美术馆等为陈列或者保存版本的需要，复制本馆收藏的作品。
	3. 汉译少	将中国公民、法人或者其他组织已经发表的以汉语言文字创作的作品翻译成少数民族语言文字作品在国内出版发行。
	4. 盲文	将已经发表的作品改成盲文出版。

续表

免费表演	免费表演已经发表的作品，该表演未向公众收取费用，也未向表演者支付报酬。[注意！不同于"义演"]
机械复制	1. 对设置或者陈列在室外公共场所的艺术作品进行临摹、绘画、摄影、录像。 2. 上述艺术作品的临摹人、绘画人、摄影人、录像人，可以对其成果以合理的方式和范围再行使用，不构成侵权。
适当引用	为介绍、评论某一作品或者说明某一问题，在作品中适当引用他人已经发表的作品。

（二）法定许可

一般规则	1. 法定许可，是指在下列法定情形，除作者事先声明不许使用的外，可以不经著作权人许可直接使用作品，但应当支付报酬。（不许可，要付费） 2. 但是不得侵犯著作权人其他权利。
教科书	为实施九年制义务教育和国家教育规划而编写出版教科书。（详见下文"邻接权"）
报　刊	作品刊登后，其他报刊可（除作者事先声明不许使用的外）使用并支付报酬；著作权人声明不许使用的不得使用。（详见下文"邻接权"）
录制者	录音制作者使用他人已经合法录制为录音制品的音乐作品制作录音制品，可以不经著作权人许可，但应当按照规定支付报酬；著作权人声明不许使用的不得使用。（详见下文"邻接权"）
播放者	广播电台、电视台播放他人已发表的作品＋播放已经出版的录音制品。（详见下文"邻接权"）

总　结	合理使用、法定许可的相同点	（1）均基于法律的明文规定； （2）均针对已经发表的作品； （3）均不必征得著作权人的同意； （4）均不得侵犯原著作权人的其他权利。
	合理使用、法定许可的区别	（1）法定许可为有偿使用； （2）合理使用为无偿使用。

练 习 ▶ 判断正误

1. 歌手王某受某剧院之邀举行个人演唱会，丙电视台为报道王某演出的新闻播放了其演出的片段，该电视台行为可以不经王某同意。

[答案] 正确。

2. 为学生学习法律的需要，某法学院翻印正式出版的《草菇真题》300套，并以每套20元的价格卖给学生，该行为违反《著作权法》的规定。

[答案] 正确。（某法学院行为构成再次销售，属于侵权行为）

3. 毛栗同学在自己的毕业论文中引用其导师尚未发表的论文数据，其行为属于合理使用。

[答 案] 错误。（"尚未发表"的论文数据，不属于"合理使用"）

第 61 讲　邻接权

考 点 150 ▶ **出版社、表演者、录制者、播放者的权利**

（一）出版者（图书*、报刊)

[角度1] 出版者的权利义务	[角度2] 出版者是否构成侵犯 著作权
1. 出版演绎作品→双许可双付费。 （出版改编、翻译、注释、整理、汇编已有作品而产生的作品，应当取得改编、翻译、注释、整理、汇编作品的著作权人和原作品的著作权人许可，并支付报酬）	1. 出版者未经双许可、未双付费→构成侵权。 2. 既侵犯了原作者的著作权；也侵犯了演绎人的著作权。
2. 报刊的法定许可。 （作品刊登后，除著作权人声明不得转载、摘编的外，其他报刊可以转载或者作为文摘、资料刊登，但应当按照规定向著作权人支付报酬）	1. 仅限于"报刊"转载，可以不经作者许可→但不付费构成侵权。 2. 报刊转载"政、经、宗时事性文章"→双不，可以合理使用。 3. 网站转载，必须经作者许可，并付费→否则构成侵权。
3. 图书出版者的法定许可（《著作权法》第23条） （1）限于教科书汇编作品； （2）不经作者许可，但要付费。	1. 汇编教科书→不付费构成侵权。 2. 图书出版者出版其他类型汇编作品，要经作者许可并向作者付费→否则构成侵权。

---

* 《著作权法》第23条　为实施九年制义务教育和国家教育规划而编写出版教科书，除作者事先声明不许使用的外，可以不经著作权人许可，在教科书中汇编已经发表的作品片段或者短小的文字作品、音乐作品或者单幅的美术作品、摄影作品，但应当按照规定支付报酬，指明作者姓名、作品名称，并且不得侵犯著作权人依照本法享有的其他权利。

前款规定适用于对出版者、表演者、录音录像制作者、广播电台、电视台的权利的限制。

（二）表演者、录制者（音乐作品）

表演者	义务	1. 使用他人作品演出，表演者（演员、演出单位）应当取得著作权人许可，并支付报酬。演出组织者组织演出，由该组织者取得著作权人许可，并支付报酬。 2. 使用改编、翻译、注释、整理已有作品而产生的作品进行演出，应当取得改编、翻译、注释、整理作品的著作权人和原作品的著作权人许可，并支付报酬。
	权利	1. 表明表演者身份。 2. 保护表演形象不受歪曲。 3. 许可他人从现场直播和公开传送其现场表演，并获得报酬。 4. 许可他人录音录像，并获得报酬。 5. 许可他人复制、发行录有其表演的录音录像制品，并获得报酬。 6. 许可他人通过信息网络向公众传播其表演，并获得报酬。 被许可人以上述第3项至第6项规定的方式使用作品，还应当取得著作权人许可，并支付报酬。
录音录像制作者	义务	1. 录音录像制作者使用他人作品制作录音录像制品，应当取得著作权人许可，并支付报酬。 2. 录音录像制作者使用演绎作品而产生的作品，应当取得演绎作品著作权人+原作品著作权人许可，并支付报酬。
	法定许可	录音制作者使用他人已经合法录制为录音制品的音乐作品制作录音制品的，可以不经著作权人许可，但应当支付报酬。
	权利	1. 录音录像制作者对其制作的录音录像制品，享有许可他人复制、发行、出租、通过信息网络向公众传播并获得报酬的权利。 2. 被许可人复制、发行、通过信息网络向公众传播录音录像制品，还应当取得著作权人、表演者许可，并支付报酬。
播放者	法定许可	广播电台、电视台播放已经出版的录音制品，可以不经著作权人许可，但应当支付报酬。当事人另有约定的除外。具体办法由国务院规定。
	体育比赛	1. 运动员不是"表演者"。 2. 体育比赛不是"作品"。 3. 但电台转播体育比赛，受到《著作权法》调整。

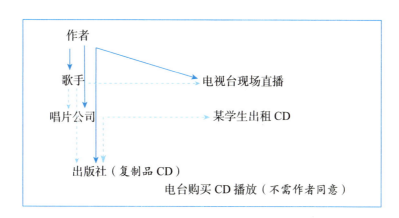

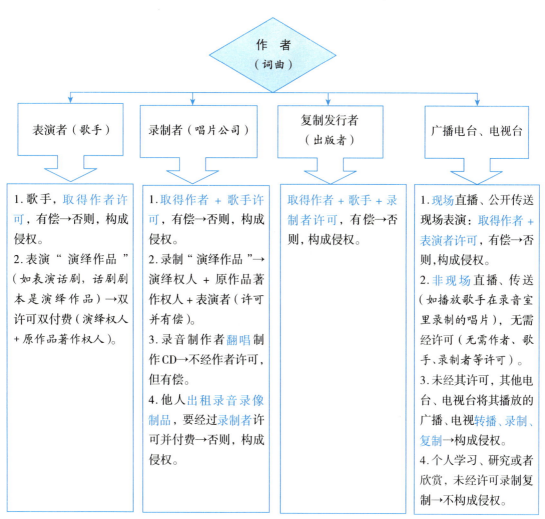

练 习 ▶ 判断正误

1. 著名作家龙某创作的杂文《中国人你为什么不生气》首次发表于《明报》，一经刊发即引起较大社会反响。北师大版小学五年级语文教科书节选了该文片段，北师大在支付报酬后可以不经龙某许可即使用该文章。

[答案]正确。

2. 某出版社出版了一本学术论文集，专门收集国内学者公开发表的关于如何认定和处理侵犯知识产权行为的有关论文或论文摘要。该论文集收录的论文受我国著作权法保护，其内容选择和编排具有独创性。因被选编入论文集的论文已经发表，故出版社不需征得论文著作权人的同意。

[答案]错误。（"一本学术论文集"，此非"义务教科书"，不适用法定许可制度）

3. 萱草电视台经过主办方的专有授权，对篮球俱乐部联赛进行了现场直播。草草电视台未经许可截取电视信号进行同步转播。草草电视台侵犯了主办方对篮球比赛的著作权。

[答案]错误。（篮球比赛不属于作品，所以赛事的主办方不享有"篮球赛事的著作权"）

第62讲　著作权侵权

考点151▶ 计算机软件、互联网著作权侵权认定

盗版软件	1. 商业使用盗版计算机软件，构成侵权并赔偿。
	2. 个人使用盗版软件构成侵权。即： （1）软件的复制品持有人不知道也没有合理理由应当知道该软件是侵权复制品的，不承担赔偿责任； （2）但是，应当停止使用、销毁该侵权复制品； （3）如果停止使用并销毁该侵权复制品将给复制品使用人造成重大损失的，复制品使用人可以在向软件著作权人支付合理费用后继续使用。
网络搜索、链接问题	1. "浅层链接"不构成侵权（用户在点击链接后会离开设链网站，而进入被链接的网站）。但在提供搜索或者链接服务时，如果明知或者应知所链接的作品、表演、录音录像制品侵权的，应当承担共同侵权责任。
	2. 网络服务提供者——避风港原则。（参见《民法典》第1195~1197条）
其他	1. 未经……许可，故意避开或者破坏权利人为其作品、录音录像制品、计算机软件等采取的保护著作权或者与著作权有关的权利的技术措施的。 2. 未经……许可，故意删除或者改变作品、录音录像制品、软件著作权人等的权利管理电子信息的。 3. 未经……许可，通过信息网络向公众传播其作品（表演、录音录像制品、软件）的。

练习▶ 判断正误

1. 甲创作了一部小说上传至自己博客并署名。丙未经甲许可，在自己博客中设置链接，用户点击链接可进入甲的博客阅读小说。丙侵害了甲的信息网络传播权。

[答案]错误。（丙的行为可称为"浅层链接"，用户在点击链接后会离开设链网站，而进入

被链接的网站，即点击丙设置的链接后，进入甲的博客阅读小说。目前的法律尚不制止这种链接。）

2. 甲公司委托乙公司开发印刷排版系统软件，付费20万元，没有明确约定著作权的归属。后甲公司以高价向善意的丙公司出售了该软件的复制品。丙公司安装使用5年后，乙公司诉求丙公司停止使用并销毁该软件，法院应当支持。

[答 案]正确。

第18章　专利权法*

第63讲　专利权的客体、主体

考点 152 ▶ 专利权客体

客　体	发明、实用新型、外观设计。
不授予专利权	1. 违法。如： （1）违反法律、社会公德，妨害公共利益的发明创造；（如赌博可视眼镜） （2）非法获取或者利用遗传资源，并依赖该遗传资源完成的发明创造。
	2. 无创造性。如： （1）科学发现； （2）对平面印刷品的图案、色彩或者二者的结合作出的主要起标识作用的设计。
	3. 某些方法。如： （1）智力活动的规则和方法；（如棋牌规则） （2）疾病的诊断和治疗方法。（如按摩方法，但药品等可授予专利）
	4. 某些物。如： （1）动物和植物品种；（但其生产方法，可授予专利） （2）用原子核变换方法获得的物质。

---

* ［特此说明］根据国家知识产权局第 295 号公告（2019-02-14）：

（1）专利复审委员会并入国家知识产权局专利局；

（2）商标局、商标评审委员会、商标审查协作中心整合为国家知识产权局商标局；

（3）涉及原专利复审委员会、原商标局、商标评审委员会、商标审查协作中心的业务办理程序不变。

由于《专利法》《商标法》尚未就此修订，本书仍然沿用"商标评审委员会""专利复审委员会"的提法。因为所有业务办理程序均无变化。

考点 153 ▶ 专利权主体

职务发明	分类	[第1类] 执行本单位的任务所完成的发明创造。 1. 在本职工作中作出的发明创造。 2. 履行本单位交付的本职工作之外的任务所作出的发明创造。 3. 退休、调离原单位后，或者劳动人事关系终止后1年内作出的，与其在原单位承担的本职工作或者原单位分配的任务有关的发明创造。
		[第2类] 主要利用本单位的物质技术条件所完成的发明创造。 本单位的物质技术条件，是指本单位的资金、设备、零部件、原材料或者不对外公开的技术资料等。
	归属	1. 职务发明创造，申请专利的权利属于该单位；申请被批准后，该单位为专利权人。 2. 发明人、设计人有下列权利：①署名权；②有权在其专利产品或者该产品包装上标明专利标记和专利号；③获得报酬权。 3. 利用本单位的物质技术条件所完成的发明创造，单位与发明人或者设计人订有合同，对申请专利的权利和专利权的归属作出约定的，从其约定。
委托发明	归属	专利权：有约定的从约定，无约定的归受托人。
	实施	1. 研究开发人（即受托人）取得专利权的，委托人可以免费实施该专利。 2. 研究开发人转让专利申请权的，委托人享有以同等条件优先受让的权利。
合作发明	归属	1. 合作发明中，专利申请权人、专利权人的确定均是"有约定的，从约定"。 2. 无约定的，申请专利的权利属于合作开发的当事人共有。
	申请	1. 合作开发的当事人一方不同意申请专利的，另一方或者其他各方不得申请专利。 2. 合作开发的当事人一方声明放弃其共有的专利申请权的，可以由另一方单独申请或者由其他各方共同申请。申请人取得专利权的，放弃专利申请权的一方可以免费实施该专利。 3. 当事人一方转让其共有的专利申请权的，其他各方享有以同等条件优先受让的权利。
	实施	**有约定** 专利申请权或者专利权的共有人，对权利的行使有约定的，从其约定。
		无约定 没有约定的，共有人可以单独实施或者以普通许可方式许可他人实施该专利；许可他人实施该专利的，收取的使用费应当在共有人之间分配。
		全体同意 除上述情形外，行使共有的专利申请权或者专利权应当取得全体共有人的同意。

练 习 ▶ 判断正误

1. 甲和乙共同完成一项刹车装置发明，二人对专利权的行使没有约定，二人均可以单独实施该专利。

[答 案] 正确。

2. 甲设计的新交通规则，能缓解道路拥堵，可获得方法发明专利权。

[答 案] 错误。(交通规则属于"智力活动的规则和方法"，不授予专利权)

3. 工程师王某在甲公司的职责是研发电脑鼠标。王某利用业余时间研发的新鼠标的专利申请权属于甲公司。

[答 案] 正确。

第64讲　专利申请、授予

考点154 ▶ 专利授权条件

总要求	1. 授予专利权的发明和实用新型，应当具备新颖性、创造性和实用性。 2. 授予专利权的外观设计，应当不属于现有设计。	
新颖性	新颖性=不属于现有技术（设计）+没有抵触申请	
	现有技术	1. 现有技术，是指申请日以前在国内外为公众所知的技术。(包括：①出版物公开；②使用公开；③其他方式的公开) 2. 现有设计，申请日以前在国内外为公众所知的设计。
	现有技术抗辩	指被控侵权人有证据证明其实施的技术或者设计属于现有技术或者现有设计的，不构成侵犯专利权。
	不视为丧失新颖性的公开	申请专利的发明创造在申请日以前6个月内，有下列情形之一的，不丧失新颖性： (1) 在中国政府主办或者承认的国际展览会上首次展出的； (2) 在规定的学术会议或者技术会议上首次发表的； (3) 他人未经申请人同意而泄露其内容的。
创造性	1. 发明：具有突出的实质性特点和显著的进步。 2. 实用新型：具有实质性特点和进步。 3. 外观设计：无"创造性"要求。	
实用性	略。(外观设计无"实用性"要求)	

考点 155 ▶ 专利申请原则

申请原则	先申请原则	两个以上的申请人分别就同样的发明创造申请专利的，专利权授予最先申请的人。（先到先得）
	禁止重复授权原则	1. 同样的发明创造只能授予一项专利权。 2. 同人同日可申请两种。即同一申请人同日对同样的发明创造既申请实用新型专利又申请发明专利，先获得的实用新型专利权尚未终止，且申请人声明放弃该实用新型专利权的，可以授予发明专利权。
	优先权原则	1. 国际优先权：发明、实用新型、外观设计均享有。 申请人自发明或者实用新型在外国第一次提出专利申请之日起 12 个月内，或者自外观设计在外国第一次提出专利申请之日起 6 个月内，又在中国就相同主题提出专利申请的，依照该外国同中国签订的协议或者共同参加的国际条约，或者依照相互承认优先权的原则，可以享有优先权。 2. 国内优先权：发明、实用新型享有。 申请人自发明或者实用新型在中国第一次提出专利申请之日起 12 个月内，又向国务院专利行政部门就相同主题提出专利申请的，可以享有优先权。
	单一性原则	1. 一件发明或者实用新型专利申请应当限于一项发明或者实用新型。 2. 属于一个总的发明构思的两项以上的发明或者实用新型，可以作为一件申请提出。
专利申请程序	发明	早期公开、迟延审查 1. 专利部门收到发明专利申请后，经初步审查，自申请日起满 18 个月，即公布。 2. 自申请日起 3 年内，专利部门可以根据申请人请求，进行实质审查，符合规定的，进行登记和公告。发明专利权自公告之日起生效。
		发明的临时保护制度 技术秘密　　申请公布日　　临时保护　　授权日 1. 临时保护期，使用该发明要支付使用费，参照有关专利许可使用费合理确定。 2. 要求支付使用费的诉讼时效自知道或应当知道起计算；但是，专利权人于专利权授予之日前即已得知或者应当得知的，自专利权授予之日起计算。 3. 临时保护期内，他人实施制造、销售、进口行为，并向权利人支付适当费用的，临时保护期内已制造、销售、进口的产品不视为侵权产品，其后续的使用、销售、许诺销售不构成侵权行为。

续表

专利申请程序	实用新型、外观设计	1. 经初步审查没有发现驳回理由的，予以授权，同时予以登记和公告。 2. 没有"临时保护制度"。
专利权转让		转让专利申请权或者专利权的，当事人应当订立书面合同，并向国务院专利行政部门登记，由国务院专利行政部门予以公告。专利申请权或者专利权的转让自登记之日起生效。

第65讲 专利权的无效、强制许可制度

考点156 专利权无效

申请	1. 专利无效申请人：任何单位和个人。 2. 专利无效的申请时间：专利权生效之后。
宣告	1. 专利复审委员会可宣告专利权无效或者维持专利权。
	2. 被宣告无效后的救济手段：先复议，再诉讼。即对专利复审委员会的决定不服，可以自收到通知之日起3个月内向人民法院起诉。
	3. 专利权被认定无效的后果 (1) 宣告无效的专利权视为自始即不存在。 (2) 宣告专利权无效的决定，对在宣告专利权无效前人民法院作出并已执行的专利侵权的判决、调解书，已经履行或者强制执行的专利侵权纠纷处理决定，以及已经履行的专利实施许可合同和专利权转让合同，不具有追溯力。 (3) 但是，因专利权人的恶意给他人造成的损失，应当给予赔偿。依照前款规定不返还专利侵权赔偿金、专利使用费、专利权转让费，明显违反公平原则的，应当全部或者部分返还。

考点157 专利强制许可制度

概念	又称非自愿许可，是指国务院专利行政部门依照法律规定，不经专利权人的同意，直接许可具备实施条件的申请者（即非专利权人）实施发明或实用新型专利的一种行政措施。
种类	[不实施时的强制许可] 专利权人自专利权被授予之日起满3年，且自提出专利申请之日起满4年，无正当理由未实施或者未充分实施其专利的，根据……申请，可以给予实施发明专利或者实用新型专利的强制许可。

续表

种　类	[根据公共利益需要的强制许可] 1. 为了公共健康目的，对取得专利权的药品，国务院专利行政部门可以给予制造并将其出口……的国家或者地区的强制许可。 2. 在国家出现紧急状态或者非常情况时，或者为了公共利益的目的，国务院专利行政部门可以给予实施……的强制许可。
	[从属专利的强制许可] 1. 从属专利中，申请强制许可的单位或者个人应当提供证据，证明其以合理的条件请求专利权人许可其实施专利，但未能在合理的时间内获得许可。 2. 国务院专利行政部门根据后一专利权人（从属专利权人）的申请，可以给予实施前一发明或者实用新型（基础专利）的强制许可。 3. 在依照规定给予从属专利权人实施强制许可的情形下，国务院专利行政部门根据前一专利权人（基础专利权人）的申请，也可以给予实施后一发明或者实用新型（从属专利）的强制许可。
实施限制	1. 强制许可仅适用于发明和实用新型，不包括外观设计专利。 2. 取得实施强制许可的单位或者个人不享有独占的实施权，并且无权允许他人实施。 3. 取得实施强制许可的单位或者个人应当付给专利权人合理的使用费。

练习▶判断正误

1. 甲独立发明了节水型洗衣机。甲公司于 2013 年 6 月申请发明专利权，专利局于 2014 年 12 月公布其申请文件，并于 2015 年 12 月授予发明专利权。丙公司于 2014 年 12 月看到甲公司的申请文件后，立即开始制造并销售相同的洗衣机。如甲公司的专利有效，则丙公司于 2014 年 12 月至 2015 年 11 月使用甲公司的发明构成侵权。

答案错误。（甲发明的临时保护期为"2014 年 12 月~2015 年 12 月"，所以丙公司使用甲的发明，不构成侵权）

2. 甲研究院研制出一种新药技术，向我国有关部门申请专利后，与乙制药公司签订了专利申请权转让合同，并依法向国务院专利行政主管部门办理了登记手续。专利申请权的转让自双方合同签订之日起生效。

答案错误。（专利申请权或者专利权的转让自登记之日起生效）

3. 乙公司拟与甲公司签订独占实施许可合同引进新技术，但在与甲公司协商谈判过程中，发现该技术在专利申请日前已经属于现有技术。乙公司可以诉请法院判决该专利无效。

答案错误。（错误是"诉请法院"，正确表述是"可以请求专利复审委员会宣告该专利权无效"）

4. 获得强制许可实施权的甲公司许可他人实施该专利技术，不属于侵犯专利权的行为。

答案错误。（取得实施强制许可的单位或者个人不享有独占的实施权，并且无权允许他人实施，所以本题是侵权）

5. 甲拥有一节能热水器的发明专利权，乙对此加以改进后获得重大技术进步，并取得新的专利权，但是该专利之实施有赖于甲的专利之实施，双方又未能达成实施许可协议。乙可以申请实施甲之专利的强制许可。

答案 正确。

第66讲　专利侵权

考点 158 ▶ 专利侵权行为

（一）构成侵权的行为

一般要求	保护范围	1. 发明、实用新型的保护范围以其权利要求的内容为准，说明书及附图可以用于解释其权利要求。 2. 外观设计：保护范围以表示在图片或者照片中的该外观设计专利产品为准。
	侵权认定	《专利法》第11条　发明和实用新型专利权被授予后，除本法另有规定的以外，任何单位或者个人未经专利权人许可，都不得实施其专利，即不得为生产经营目的制造、使用、许诺销售、销售、进口其专利产品，或者使用其专利方法以及使用、许诺销售、销售、进口依照该专利方法直接获得的产品。 　　外观设计专利权被授予后，任何单位或者个人未经专利权人许可，都不得实施其专利，即不得为生产经营目的制造、许诺销售、销售、进口其外观设计专利产品。
侵权行为－实施		1. 制造行为。（略）
		2. 使用发明、实用新型专利产品的行为。 （1）将侵犯发明或者实用新型专利权的产品作为零部件，制造另一产品的，应当认定为使用发明、实用新型专利产品的行为。 （2）使用（即使是生产经营目的的使用）他人外观设计专利产品的行为，不会侵犯外观设计专利权。将侵犯外观设计专利权的产品作为零部件，制造另一产品并销售的，应当认定属于侵犯他人外观设计专利权的销售行为，但侵犯外观设计专利权的产品在该另一产品中仅具有技术功能的除外。
		3. 许诺销售。是指以做广告、在商店橱窗中陈列或者在展销会上展出等方式作出销售商品的意思表示。
		4. 销售。产品买卖合同依法成立，认定属于销售。
		5. 进口行为 （1）未经许可进口其专利产品，进口依照该专利方法直接获得的产品→构成侵权； （2）平行进口→不构成侵权（见下文"专利耗尽"）。

续表

侵权行为－实施	6. 使用专利方法以及使用、许诺销售、销售、进口依照该专利方法直接获得的产品的行为。 （1）依照专利方法直接获得的产品，是指使用专利方法获得的原始产品； （2）对于将上述原始产品进一步加工、处理而获得后续产品的行为，应当认定为使用依照该专利方法直接获得的产品的行为，属于侵犯专利方法的行为； （3）但是，对于将依照专利方法直接获得的产品进一步加工、处理而获得的后续产品，进行再加工、处理的，法院应当认定不属于"使用依照该专利方法直接获得的产品"。 （对后续产品的再加工处理→不构成侵权）
合法来源抗辩	为生产经营目的使用、许诺销售或者销售专利侵权产品，且举证证明该产品合法来源的： 1. 是侵权，但不承担赔偿责任。（善意，仍为侵权） 2. 对于权利人请求停止使用、许诺销售、销售行为的主张，法院应予支持。 3. 但被诉侵权产品的使用者举证证明其已支付该产品的合理对价的除外。（善意使用者不停止使用） 4. 合法来源，是指通过合法的销售渠道、通常的买卖合同等正常商业方式取得产品。对于合法来源，使用者、许诺销售者或者销售者应当提供符合交易习惯的相关证据。
间接侵权	1. 明知有关产品系专门用于实施专利的材料、设备、零部件、中间物等，未经专利权人许可，为生产经营目的将该产品提供给他人实施了侵犯专利权的行为，认定为"帮助他人实施侵权行为"。 2. 明知有关产品、方法被授予专利权，未经专利权人许可，为生产经营目的积极诱导他人实施了侵犯专利权的行为，认定为"教唆他人实施侵权行为"。
免除停止侵权行为	被告构成对专利权的侵犯，权利人请求判令其停止侵权行为的，人民法院应予支持，但基于国家利益、公共利益的考量，法院可以不判令被告停止被诉行为，而判令其支付相应的合理费用。

（二）不构成侵权的行为

符合临时保护制度	1. 临时保护期内，他人实施制造、销售、进口行为，并向权利人支付适当费用的，临时保护期内已制造、销售、进口的产品不视为侵权产品。 2. 其后续的使用、销售、许诺销售不构成侵权行为。（即"发明专利公告授权后，未经专利权人许可，为生产经营目的使用、许诺销售、销售临时保护期内已由他人制造、销售、进口的产品，且该他人已支付或者书面承诺支付规定的适当费用的，上述使用、许诺销售、销售行为不构成侵犯专利权"）
现有技术抗辩	在专利侵权纠纷中，被控侵权人有证据证明其实施的技术或者设计属于现有技术或者现有设计的，不构成侵犯专利权。
不构成侵权抗辩	有下列情形之一的，不视为侵犯专利权： 1. 专利产品或者依照专利方法直接获得的产品，由专利权人或者经其许可的单位、个人售出后，使用、许诺销售、销售、进口该产品的。（专利耗尽原则）

续表

不构成侵权抗辩	2. 在专利申请日前已经制造相同产品、使用相同方法或者已经作好制造、使用的必要准备，并且仅在原有范围内继续制造、使用的。（先用权原则） 3. 临时通过中国领陆、领水、领空的外国运输工具，依照其所属国同中国签订的协议或者共同参加的国际条约，或者依照互惠原则，为运输工具自身需要而在其装置和设备中使用有关专利的。（临时过境原则） 4. 专为科学研究和实验而使用有关专利的。（非商业使用原则） 5. 为提供行政审批所需要的信息，制造、使用、进口专利药品或者专利医疗器械的，以及专门为其制造、进口专利药品或者专利医疗器械的。（仿制药审批）
其　　他	1. 符合强制许可制度的实施，不是侵权。 2. 使用侵犯外观设计专利权产品，不是侵权。

考点 159 ▶ 专利侵权诉讼

（一）先行裁驳、另行起诉

法条依据	《侵犯专利权解释（二）》第 2 条　权利人在专利侵权诉讼中主张的权利要求被专利复审委员会宣告无效的，审理侵犯专利权纠纷案件的人民法院可以裁定驳回权利人基于该无效权利要求的起诉。 　　有证据证明宣告上述权利要求无效的决定被生效的行政判决撤销的，权利人可以另行起诉。 　　专利权人另行起诉的，诉讼时效期间从本条第 2 款所称行政判决书送达之日起计算。
解决问题	该制度，解决在审理专利侵权纠纷案件中，被告若提起宣告专利权无效，则未完结的侵权案件应当如何处理？ 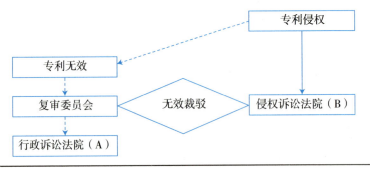

（二）其他规则

管　　辖	1. 一审 （1）省级政府所在地的中院和最高院确定的中院管辖； （2）最高院确定的基层法院管辖； （3）北上广：知识产权法院管辖。

续表

管　　辖	2. 权利人可以在一审法庭辩论终结前变更其主张的权利要求。
举证责任	专利侵权纠纷涉及新产品制造方法的发明专利的，制造同样产品的单位或者个人应当提供其产品制造方法不同于专利方法的证明，该举证责任由被控侵权人承担。
损害赔偿	1. 赔偿依顺序：实际损失→侵权所获利益→许可费倍数→1万~100万。 2. 权利人、侵权人约定专利侵权的赔偿数额或者赔偿计算方法，并在专利侵权诉讼中主张依据该约定确定赔偿数额的，法院应予支持。
证据妨碍	侵权人获利的举证义务分配给侵权人。权利人因被侵权所受到的实际损失难以确定的： 1. 前提：权利人已经提供侵权人所获利益的初步证据，而与专利侵权行为相关的账簿、资料主要由侵权人掌握的情况下，法院可以责令侵权人提供该账簿、资料。 2. 侵权人无正当理由拒不提供或者提供虚假的账簿、资料的，法院可以根据权利人的主张和提供的证据认定侵权人因侵权所获得的利益。
临时保护期诉讼时效	1. （临时保护期）使用该发明未支付适当使用费的，专利权人要求支付使用费的诉讼时效自专利权人得知或者应当得知他人使用其发明之日起计算。 2. 但是，专利权人于专利权授予之日前即已得知或者应当得知的，自专利权授予之日起计算。
许可合同的原告	1. 独占许可：被许可人可单独起诉。 2. 排他许可：被许可人代位诉权（原权利人不起诉时，可起诉）；或者，被许可人和许可人共同起诉。 3. 普通许可：被许可人不能单独起诉；被许可人经约定或授权可起诉。

练 习 ▶ 判断正误

1. 甲公司与专利权人签订独占实施许可合同后，许可其子公司乙公司实施该专利技术不属于侵犯专利权的行为。

［答 案］错误。（子公司具有法人资格，是独立法人，甲公司不得许可其使用，只有甲公司可以实施）

2. W研究所设计了一种高性能发动机，在我国和《保护工业产权巴黎公约》成员国L国均获得了发明专利权，并分别给予甲公司在我国、乙公司在L国的独占实施许可。某公司在L国购买由乙公司制造销售的该发动机进口至我国销售，在我国构成对该专利的侵权。

［答 案］错误。（本题符合专利权耗尽，不视为侵犯专利权）

3. 萱草公司就其生产的一款高档轿车造型和颜色组合获得了外观设计专利权。某车行应车主小榛子请求，将小榛子低价位的旧车改装成该高档轿车的造型和颜色，小榛子使用该改装车提供专车服务，收费高于普通轿车。小榛子的行为侵犯了萱草公司的专利权。

［答 案］错误。（萱草公司的专利权为"造型和颜色组合的外观设计专利权"，小榛子使用该高档轿车，属于"使用外观设计专利权的产品"，不构成侵权）

第 19 章   商标权法

第67讲   商标概述

考点 160 ▶ 注册商标的分类、构成

任何能够将自然人、法人或者其他组织的商品与他人的商品区别开的标志，包括文字、图形、字母、数字、三维标志、颜色组合和声音等，以及上述要素的组合，均可以作为商标申请注册。

需要掌握：

分 类	商品商标	如"海尔""长虹"等商标。	
	服务商标	如"国美""苏宁""PICC"商标。	
	集体商标	以团体、协会或者其他组织名义注册，供该组织成员在商事活动中使用，以表明使用者在该组织中的成员资格的标志。如邮电、铁路、银行的集体标志。	我国铁路标识·集体商标
	证明商标	由对某种商品或者服务具有监督能力的组织所控制，而由该组织以外的单位或者个人使用于其商品或者服务，用以证明该商品或者服务的原产地、原料、制造方法、质量或者其他特定品质的标志。如绿色食品标志、纯羊毛标志。	纯羊毛标识·证明商标
构 成	一般要求	1. 申请注册的商标应当有显著特征，便于识别。	
		2. 包括：①标志本身具有显著特征。如可口可乐。②通过使用获得显著特征。如五粮液。	
		3. 任何能够将自然人、法人或者其他组织的商品与他人的商品区别开的标志，以及上述要素的组合，均可以作为商标申请注册。 （1）可视性标识。如文字、图形、字母、数字、三维标志、颜色组合等。 （2）声音。可以作为注册商标。	

考点 161 ▶ 禁用标志

类　别	不得作为商标使用的标志
[类别1] 特定标志	1. 同中华人民共和国的国家名称、国旗、国徽、国歌、军旗、军徽、军歌、勋章等相同或者近似的，以及同中央国家机关的名称、标志、所在地特定地点的名称或者标志性建筑物的名称、图形相同的。 2. 同外国的国家名称、国旗、国徽、军旗等相同或者近似的，但经该国政府同意的除外。 3. 同政府间国际组织的名称、旗帜、徽记等相同或者近似的，但经该组织同意或者不易误导公众的除外。 4. 与表明实施控制、予以保证的官方标志、检验印记相同或者近似的，但经授权的除外。 5. 同"红十字""红新月"的名称、标志相同或者近似的。
[类别2] 违反公序 良俗的标志	1. 带有民族歧视性的。 2. 带有欺骗性，容易使公众对商品的质量等特点或者产地产生误认的。 3. 有害于社会主义道德风尚或者有其他不良影响的。
[类别3] 特殊地名	1. 县级以上行政区划的地名，不得作为注册商标。
	2. 公众知晓的外国地名，不得作为注册商标。
	3. 除外规定 （1）地名具有其他含义，可注册。 （2）地名作为集体商标、证明商标组成部分，可注册。例如，射阳大米、阜宁大米、潍坊风筝等。注册为集体商标、证明商标后，上述地名构成"地理标志"的一部分。
	4. 已经注册的使用地名的商标继续有效。
[类别4] 无权代理	未经授权，代理人或者代表人以自己的名义将被代理人或者被代表人的商标进行注册，被代理人或者被代表人提出异议的，不予注册并禁止使用。

考点 162 ▶ 禁注标志

禁注标志	下列标志不得注册，但可以作为商标使用。	
	一般原则	1. 缺乏显著特征，不得注册。 2. 但经过使用取得显著特征，并便于识别的，可以作为商标注册。
	具体情形	1. 下列情形，不得注册，但可以作为商标使用： （1）仅有本商品的通用名称、图形、型号的； （2）仅直接表示商品的质量、主要原料、功能、用途、重量、数量及其他特点的； （3）其他缺乏显著特征的。

续表

禁注标志	具体情形	2. 三维标志，下列情况下不得注册： （1）仅由商品自身的性质产生的形状； （2）为获得技术效果而需有的商品形状； （3）使商品具有实质性价值的形状。

考点 163 ▶ 在先使用未注册商标

在先商标（他人）	在后注册商标（申请人）	对在后商标的处理
[情形1] 他人在先使用+未注册商标。	申请人： 1. 商品相同或类似。 2. 商标相同或类似。 3. 明知（如合同业务等关系）。	对后一商标： 1. 申请注册时，他人（即在先使用人）提出异议的，对在后申请人不予注册。 2. 已经注册的商标，自商标注册之日起5年内，在先权利人或者利害关系人可以请求商标评审委员会宣告该注册商标无效。对恶意注册的，驰名商标所有人不受5年的时间限制。
[情形2] 他人已经使用并有一定影响的商标。	申请人以不正当手段抢先注册。	
[情形3] 他人已经在同一种商品或者类似商品上先于商标注册人使用与注册商标相同或者近似，并有一定影响的商标的。	申请人正当手段可以获得商标注册，成为商标注册人。	注册商标人，无权禁止该使用人在原使用范围内继续使用该商标，但可以要求其附加适当区别标识。（商标先用权原则）

考点 164 ▶ 驰名商标

认定	1. 驰名商标，即为相关公众所熟知的商标。（≠注册商标）
	2. 认定驰名商标需考虑下列因素： （1）相关公众对该商标的知晓程度； （2）该商标使用的持续时间； （3）该商标的任何宣传工作的持续时间、程度和地理范围； （4）该商标作为驰名商标受保护的记录； （5）该商标驰名的其他因素。
	3. 驰名商标采取"被动认定"原则。 （1）在商标注册审查、查处商标违法案件过程中……商标局可以对商标驰名情况作出认定；

续表

认 定	（2）在商标争议处理过程中……商标评审委员会可以对商标驰名情况作出认定； （3）在商标民事、行政案件审理过程中……法院可以对商标驰名情况作出认定。
使 用	1. 认定驰名商标，不写入判决主文；以调解方式审结的，在调解书中对商标驰名的事实不予认定。 2. 生产、经营者不得将"驰名商标"字样用于商品、商品包装或者容器上，或者用于广告宣传、展览以及其他商业活动中。
保 护	［第1类］未在中国注册+驰名商标： 1. 保护范围：相同或者类似商品。 2. 保护措施：禁注禁用，没有赔偿。
	［第2类］在中国注册+驰名商标： 1. 保护范围：扩大到"就不相同或者不相类似商品"。（跨界保护） 2. 保护措施：禁注禁用，还包括赔偿。

第68讲 商标的注册

考点165 ▶ 商标注册原则、程序

商标注册 申请原则	诚实信用原则	不以使用为目的的恶意商标注册申请，应当予以驳回。
	一标多类	指可以通过1份申请就多个类别的商品申请注册同一商标。
	先申请原则	1. 初步审定并公告申请在先的商标。 2. 同一天申请的，初步审定并公告使用在先的商标。
	优先权原则	商标注册申请人自其商标在外国第一次提出商标注册申请之日起6个月内，又在中国就相同商品以同一商标提出商标注册申请的，依照该外国同中国签订的协议或者共同参加的国际条约，或者按照相互承认优先权的原则，可以享有优先权。
变更和 重新申请		1. 注册商标需要在核定使用范围之外的商品上取得商标专用权的，应当另行提出注册申请。 2. 注册商标需要改变其标志的，应当重新提出注册申请。 3. 变更注册人的名义、地址或者其他注册事项的，应当提出变更申请。（变更申请≠重新申请）
驳回申请		不以使用为目的的恶意商标注册申请，应当予以驳回。

考点 166 ▶ 商标注册代理

商标注册代理	外国人-必须商代	外国人或者外国企业在中国申请商标注册的，要符合： 1. 应当按其所属国和我国签订的协议或者共同参加的国际条约办理，或者按对等原则办理。 2. 应当委托依法设立的商标代理机构办理。
	中国人-可选择	中国人或者中国企业申请商标注册或者办理其他商标事宜，可以自行办理，也可以委托依法设立的商标代理机构办理。（中国人可选择）
	明确告知情形	委托人申请注册的商标可能存在不得注册情形的，商标代理机构应当明确告知委托人。
	不得接受委托情形	1. 委托人申请的商标属于"侵害他人在先使用但未注册商标时"，商标代理机构不得接受委托。 2. 不以使用为目的的恶意商标注册申请，不得接受委托。
	对商代的限制	1. 商标代理机构除对其代理服务申请商标注册外，不得申请注册其他商标。 2. 未经授权，代理人或者代表人以自己的名义将被代理人或者被代表人的商标进行注册，被代理人或者被代表人提出异议的，不予注册并禁止使用。

练 习 ▶ 判断正误

1. 外国企业在我国申请注册商标，如所属国商标注册主管机关曾驳回了其商标注册申请，该申请在我国仍有可能获准注册。

[答案] 正确。（知识产权具有地域性，依照我国相关法律规定的标准审查）

2. 萱草公司是《保护工业产权巴黎公约》成员植物国的企业，于2012年8月1日向植物国在牛奶产品上申请注册"白雪"商标被受理后，又于2013年5月30日向我国商标局申请注册"白雪"商标，核定使用在牛奶、糕点和食品容器这三类商品上，萱草公司可依法享有优先权。

[答案] 错误。（商标优先权的提出时间为6个月，本题已经超出了6个月，所以萱草公司不能取得商标优先权）

3. 公司在旗下涮羊肉连锁火锅店的广告和包装上均突出宣传"小羔羊"商标，经过近10年的经营，现"小羔羊"羊肉火锅被消费者熟知。"小羔羊"表明了该商品的主要原料，不能申请注册。

[答案] 错误。（"小羔羊"标识属于"经过使用取得显著特征，并便于识别的"，可以注册）

4. 张县地区有传统调料"张县豆瓣酱"，该地生产并出售的产品大都注明了"张县豆瓣酱"字样，张县调料行业协会可以将"张县豆瓣酱"作为集体商标申请注册。

[答案] 正确。

5. 信阳盛产绿茶，远近闻名。信阳茶叶协会申请注册了"信阳毛尖"商标，加入该协会的产茶单位出产的绿茶可以使用，则该商标是证明商标。

第 19 章　商标权法

[答案]错误。（"信阳毛尖"商标性质为"集体商标"）

6. "宝高"为中国驰名商标，该公司产品为塑料玩具。若"宝高"商标拥有者与他人就该商标发生法律纠纷，法院对"宝高"驰名商标的认定可写入判决主文。

[答案]错误。（"驰名商标"认定不可写入判决书主文）

第69讲　商标权消灭

考点 167 ▶ 注册商标的撤销

撤销理由—商标使用不当		撤销程序	撤销的后果
[第1类]擅自改变注册事项	商标注册人在使用注册商标的过程中，自行改变注册商标、注册人名义、地址或者其他注册事项的。	（1）工商行政管理部门责令限期改正→期满不改正的，由商标局撤销； （2）当事人不服的，可以向商标评审委员会申请复审；[复审期为 9 个月+3 个月。（特殊情况延期）] （3）当事人对商标评审委员会的决定不服的，可以向人民法院起诉。（复审前置）	（1）被撤销的注册商标，由商标局予以公告，该注册商标专用权自公告之日起终止； （2）自撤销、宣告无效或者注销之日起 1 年内，商标局对与该商标相同或者近似的商标注册申请，不予核准。
[第2类]商标休眠	注册商标成为其核定使用的商品的通用名称或者没有正当理由连续 3 年不使用的。	（1）任何单位或者个人可以向商标局申请撤销该注册商标； （2）商标局审查期为 9 个月+3 个月；（特殊情况延期） （3）当事人不服商标局的决定，可以向商标评审委员会申请复审；[复审期为 9 个月+3 个月（特殊情况延期）] （4）当事人对商标评审委员会的决定不服的，可以向人民法院起诉。（复审前置）	

考点 168 ▶ 注册商标的无效

商标无效的理由		商标无效宣告的程序	商标无效的后果
[第1类]商标标识违法	1. 不以使用为目的的恶意商标注册申请。（第 4 条） 2. 不得作为商标使用的特定标志。（第 10 条） 3. 缺乏显著特征的标志。（第 11 条）	1. 由商标局宣告该注册商标无效→当事人对商标局的决定不服的，可向商标评审委员会申请复审→当事人对商标评审委员会的决定	1. 宣告无效的注册商标，视为自始即不存在。 2. 自宣告无效之日起 1 年内，商标局

续表

商标无效的理由		商标无效宣告的程序	商标无效的后果
[第1类] 商标标识 违法	4. 不得注册的三维标志。（第12条） 5. 商标代理机构除对其代理服务申请商标注册外，申请注册其他商标。（第19条第4款） 6. 以欺骗手段或者其他不正当手段取得注册。	不服的→可以向法院起诉。 2. 其他单位或者个人可以请求商标评审委员会宣告该注册商标无效→对商标评审委员会的决定不服的→可以向法院起诉。	对与该商标相同或者近似的商标注册申请，不予核准。 3. 宣告注册商标无效的决定或者裁定，对已经了结的事项等，无追溯力。 4. 依照上述规定不返还商标侵权赔偿金、商标转让费、商标使用费，但是，明显违反公平原则的，应当全部或者部分返还。
[第2类] 商标侵权等	1. 侵犯驰名商标权。（第13条） 2. 无权代理注册商标。（第15条） 3. 侵犯地理标志。（第16条） 4. 利害关系人认为应当驳回但未驳回。（第30条） 5. 违反申请在先原则。（第31条） 6. 申请商标注册损害他人现有的在先权利，或者以不正当手段抢先注册他人已经使用并有一定影响的商标。（第32条）	1. 自商标注册之日起5年内，在先权利人或者利害关系人可以请求商标评审委员会宣告该注册商标无效→当事人对商标评审委员会的裁定不服的→可以向法院起诉。 2. 对恶意注册的，驰名商标所有人不受5年的时间限制。	

第70讲　商标权

考点169　商标权的内容

专用权	1. 以核准注册的商标和核定使用的商品为限。 2. 有效期10年。
转让权	1. 共同申请。转让人和受让人应当签订转让协议，并共同向商标局提出申请。 2. 受让人应当保证使用该注册商标的商品质量。 3. 联合商标、防护商标，一并转让。 4. 受让人自公告之日起享有商标专用权。
许可权	1. 分为独占许可合同、排他许可合同、普通许可合同。（=专利权） 2. 许可人有监督权和监督的义务。即许可人应当监督被许可人使用其注册商标的商品质量。 3. 许可人应当将其商标使用许可报商标局备案，由商标局公告。商标使用许可未经备案不得对抗善意第三人。 4. 表明被许可人信息。必须在使用该注册商标的商品上标明被许可人的名称和商品产地。

续表

续展权	1. 商标注册人应当在期满前12个月内按照规定办理续展手续。 2. 在此期间未能办理的，可以给予6个月的宽展期。 3. 每次续展注册的有效期为10年，自该商标上一届有效期满次日起计算。 4. 期满未办理续展手续的，注销其注册商标。

考点 170 ▶ 商标侵权

（一）商标侵权行为

1. 注册商标的专用权，以核准注册的商标和核定使用的商品为限。（商标+商品）
2. 有下列行为之一的，均属侵犯注册商标专用权：

侵权行为	具体规定
假 冒	（商品同+商标同）即，未经商标注册人的许可，在同一种商品上使用与其注册商标相同的商标的。
仿 冒	（近似+易混淆）即，未经商标注册人的许可，在同一种商品上使用与其注册商标近似的商标，或者在类似商品上使用与其注册商标相同或者近似的商标，容易导致混淆的。 可分解为：①相同商品+类似商标；②类似商品+相同商标；③类似商品+类似商标。
售假货	（售假）即，销售侵犯注册商标专用权的商品的。 （1）不管行为人主观上是否有过错，只要实施了销售侵犯注册商标专用权的商品的行为，都构成侵权； （2）行为人主观上是善意时，是侵权，但可免除其赔偿责任； （3）假冒注册商标的商品不得在仅去除假冒注册商标后进入商业渠道。
造售假标	伪造、擅自制造他人注册商标标识或者销售伪造、擅自制造的注册商标标识的行为。
反向假冒	即，未经商标注册人同意，更换其注册商标并将该更换商标的商品又投入市场的。 反向假冒行为包括两个要件：①擅自更换；②再销售。 　[例]　甲公司在纸手帕等纸制产品上注册了"茉莉花"文字及图形商标。现戊公司购买甲公司的"茉莉花"纸手帕后，将"茉莉花"改为"山茶花"重新包装后销售。戊为"反向假冒"。
帮助行为	（1）故意为侵犯他人商标专用权行为提供便利条件，帮助他人实施侵犯商标专用权的行为； （2）为侵犯他人商标专用权提供仓储、运输、邮寄、印制、隐匿、经营场所、网络商品交易平台等，属于"为侵犯他人商标专用权行为提供便利条件"。
其他损害	（1）在同一种或者类似商品上，将与他人注册商标相同或者近似的标志作为商品名称或者商品装潢使用，误导公众的； （2）复制、摹仿或者翻译他人注册的驰名商标或其主要部分在不相同或者不相类似商品上作为商标使用，误导公众，致使该驰名商标注册人的利益可能受到损害的；

续表

侵权行为	具体规定
其他损害	（3）将与他人注册商标相同或者相近似的文字注册为域名，并且通过该域名进行相关商品交易的电子商务，容易使相关公众产生误认的。
善意侵权	即，销售不知道是侵犯注册商标专用权的商品，能证明该商品是自己合法取得并说明提供者的，不承担赔偿责任。 （1）是侵权，侵权的认定为无过错； （2）不赔偿，赔偿采取过错认定。
商标休眠	即，注册商标专用权人请求赔偿，被控侵权人以注册商标专用权人未使用注册商标提出抗辩的，人民法院可以要求注册商标专用权人提供此前3年内实际使用该注册商标的证据。注册商标专用权人不能证明此前3年内实际使用过该注册商标，也不能证明因侵权行为受到其他损失的，被控侵权人不承担赔偿责任。

（二）不视为商标侵权的行为

1. 商标的合理使用，不构成侵权。

（1）注册商标中含有的本商品的通用名称、图形、型号，或者直接表示商品的质量、主要原料、功能、用途、重量、数量及其他特点，或者含有的地名，注册商标专用权人无权禁止他人正当使用。例如，甲公司在纸手帕等纸制产品上注册了"茉莉花"文字及图形商标。现丁公司长期制造茉莉花香型的纸手帕，并在包装上标注"茉莉花香型"。丁公司的行为没有侵犯甲公司的商标权。

（2）三维标志注册商标中，含有的商品自身的性质产生的形状、为获得技术效果而需有的商品形状或者使商品具有实质性价值的形状，注册商标专用权人无权禁止他人正当使用。

2. 商标的先用权，不构成侵权。

即，商标注册人申请商标注册前，他人已经在同一种商品或者类似商品上先于商标注册人使用与注册商标相同或者近似并有一定影响的商标的，注册商标专用权人无权禁止该使用人在原使用范围内继续使用该商标，但可以要求其附加适当区别标志。

考点 171 ▶ 商标侵权诉讼

证据妨碍排除	权利人尽力举证不能＋侵权人掌握→侵权人举证。 （在权利人已经尽力举证，而与侵权行为相关的账簿、资料主要由侵权人掌握的情况下，可以责令侵权人提供与侵权行为相关的账簿、资料；侵权人不提供或者提供虚假的账簿、资料的，法院可以参考权利人的主张和提供的证据判定赔偿数额）
损害赔偿	实际损失→侵权利益→许可费倍数→500万。 1. 侵犯商标专用权的赔偿数额，按照权利人因被侵权所受到的实际损失确定；实际损失难以确定的，可以按照侵权人因侵权所获得的利益确定；权利人的损失或者侵权人获得的

续表

损害赔偿	利益难以确定的，参照该商标许可使用费的倍数合理确定。对恶意侵犯商标专用权，情节严重的，可以在按照上述方法确定数额的 1 倍以上 5 倍以下确定赔偿数额。赔偿数额应当包括权利人为制止侵权行为所支付的合理开支。 2. 权利人因被侵权所受到的实际损失、侵权人因侵权所获得的利益、注册商标许可使用费难以确定的，由人民法院根据侵权行为的情节判决给予 500 万元以下的赔偿。
保　　全	诉前禁令；诉前财产保全；诉前证据保全。
许可合同	1. 独占许可合同：被许可人可单独起诉。 2. 排他许可合同：被许可人可代位起诉或共同起诉。 3. 普通许可合同：被许可人不能单独起诉，或经约定或授权可起诉。

练 习 ▶ 判断正误

1. 注册商标需要在核定使用范围之外的商品上取得商标专用权的，应当另行提出注册申请。

[答案]正确。

2. 甲公司在服装产品上注册了"山叶"商标，乙公司未经许可在自己生产的男装上也使用"山叶"商标。乙公司的行为构成"仿冒注册商标"。

[答案]错误。（乙公司的行为构成"假冒注册商标"）

3. 甲公司为其生产的啤酒申请注册了"冬雨之恋"商标，但在使用商标时没有在商标标识上加注"注册商标"字样或注册标记。乙公司误认为该商标属于未注册商标，故在自己生产的啤酒产品上也使用"冬雨之恋"商标，该行为未侵犯甲公司商标权。

[答案]错误。（虽然没有加注"注册商标"字样或注册标记，但"冬雨之恋"商标确实是注册商标，乙公司是侵权）

4. 小榛子是废品回收站的老板，他回收墨水用尽的"HP"打印机墨盒，灌注廉价墨水后销售。此行为构成侵犯商标权。

[答案]正确。（属于销售侵犯注册商标专用权的商品）

5. 甲公司在食品上注册"乡巴佬"商标，与乙公司签订转让合同，获 5 万元转让费。后"乡巴佬"注册商标因有"不良影响"被宣告无效。因此甲公司应当向乙公司返还 5 万元。

[答案]错误。（该合同已经履行完毕，商标权的无效对该合同不具有溯及力）

图书在版编目（CIP）数据

考前必背.鄢梦萱讲商经法/鄢梦萱编著. —北京：中国政法大学出版社，2020.7
ISBN 978-7-5620-9496-8

Ⅰ.①考… Ⅱ.①鄢… Ⅲ.①商法－中国－资格考试－自学参考资料②经济法－中国－资格考试
－自学参考资料 Ⅳ.①D9

中国版本图书馆CIP数据核字(2020)第047768号

出 版 者	中国政法大学出版社
地　　址	北京市海淀区西土城路25号
邮寄地址	北京100088 信箱8034分箱　邮编100088
网　　址	http://www.cuplpress.com（网络实名：中国政法大学出版社）
电　　话	010-58908285(总编室) 58908433（编辑部）58908334(邮购部)
承　　印	北京铭传印刷有限公司
开　　本	787mm×1092mm　1/16
印　　张	13
字　　数	320千字
版　　次	2020年7月第1版
印　　次	2020年7月第1次印刷
定　　价	45.00元

厚大法考 2020 年师资团队简介

民法主讲老师

张 翔	民法萌叔，西北政法大学民商法学院院长，教授，博士生导师，法考培训授课教师，授课经验丰富。倡导"理论、法条、实例"三位一体的教学方法。授课条理清晰，深入浅出，重点明确，分析透彻。
杨 烁	中山大学法学博士，具有深厚的民法理论功底、丰富的教学与实践经验，首创"法考三杯茶"理论，将枯燥的民法法条融会贯通于茶与案例之中，深入浅出。游刃于民法原理与实务案例之间，逻辑清晰，层层递进，其课堂有润物细无声的效果，让考生分析案件时才思泉涌，顺利通关！
李仁玉	法考培训界民法泰斗，拥有多年命题经验，现任北京工商大学法学院教授，曾先后兼任中国政法大学、国家检察官学院、上海政法学院、中华女子学院校聘客座教授。讲课直击考点，繁简得当，重点突出。
吴一鸣	民商法博士，华东政法大学副教授，法律学院民商法教研室副主任，中国法学会比较法研究会理事。授课重点突出，体系性强，清晰有条理，深受学生喜爱。
崔红玉	厚大新晋新锐讲师。武汉大学民商法学专业出身，法律功底扎实，拥有多年教学实践经验，对民法有独特的感悟。擅长体系化和启发式教学，帮助学生将琐碎的知识点用逻辑串成整体，让学生知其所以然。

刑法主讲老师

罗 翔	北京大学法学博士，中国政法大学教授、刑法学研究所所长，入选法大 2008 年以来历届"最受本科生欢迎的十位老师"，曾参与司法部司考题库设计和供题。授课幽默，妙趣横生，深入浅出，重点清晰，使考生迅速理解和掌握刑法的艰深理论。
刘 伟	中国政法大学刑法学博士，长期从事刑法相关教学工作，授课直击要害。擅长摸索出题人的命题规律，总结分析，直击命门。
陈 橙	厚大新晋新锐讲师。本硕博分别就读于华东政法大学、北京大学、清华大学，从事法考培训多年。善于概括总结知识点，将繁琐的知识点简单化，方便学生记忆，注重与学生互动，语言幽默，善于把握真题和最新试题动向。
卢 杨	厚大新晋新锐讲师。刑事法学研究生毕业，理论功底扎实，对命题趋势把握得当，条理清晰，有着丰富的授课经验，擅长将抽象的刑法学理论具体化为生活中的案例，所以课堂氛围非常好，深受考生喜爱。

行政法主讲老师

魏建新	中国政法大学法学博士，天津师范大学教授，政治学博士后出站。人大立法咨询专家，政府法律顾问，仲裁员。以案释法，让行政法易通好懂，实现通俗化行政法；以最简练的表格建立最完整的知识体系，让行政法易背好记，实现图表化行政法；深谙命题风格和思路，一切从考试出发归纳重点、突破难点，让行政法易学好用，实现应试化行政法。
兰燕卓	中国政法大学法学博士，政治学博士后，具有丰富的法考培训经验，考点把握精准，擅长将繁杂考点系统化、明晰化，有效挖掘考点的关联性；授课重点突出，知识体系清晰，课堂气氛轻松活跃，有效提高备考效率。
黄韦博	中南财经政法大学法学博士，课堂气氛活跃，善于采取原理、法条和解题相结合的方法授课，善于运用启发式、互动式、图表式和串联式的教学方法，直击考点陷阱，让考生轻松掌握抽象的行政法原理。

民诉法主讲老师

刘鹏飞	民诉法专业博士，专注民诉法学研究，从事司法考试和法律职业资格考试培训近十年。授课经验丰富，学术功底扎实。授课化繁为简、去粗取精，多年来形成独特风格：用法理重新解读繁杂法条且条理清晰；编写的案例贴近实践，简明易懂且语言风趣。
张 佳	厚大新晋新锐讲师。华东政法大学毕业，法学理论功底扎实。厚大人称"小师妹"，年龄不大，能力不小。授课思路清晰，详略得当，应试性强。学民诉，信佳佳，高分不是神话！

郭 翔	北京师范大学副教授，清华大学法学博士，具有多年法考培训经验，深知命题规律，了解解题技巧，对考试内容把握准确，授课重点明确，层次分明，条理清晰，将法条法理与案例有机融合，强调综合，深入浅出。
朱小钰	民诉法博士，厚大新晋新锐讲师，深谙民事诉讼和仲裁程序。硕博期间曾参与多个司法解释条文理解与适用的编写，了解相关立法趋势，让考生把握法考重点和热点内容。课堂气氛活跃，擅长总结知识点和体系，手把手教学生识记与理解，力求让学生当堂吸收与消化。

刑诉法主讲老师

向高甲	有 11 年刑诉应试培训经验，对于刑事诉讼法的教学有自己独特的方式和技巧，其独创的"口诀记忆"法，让法条记忆不再枯燥。授课幽默，富有活力，其清晰的讲义和通俗易懂的解读让人印象深刻。善于把握出题思路，对于出题者的陷阱解读有自己独特的技巧，让考生能在听课后迅速提高解题技能。向老师目前也是一位执业律师，其丰富的实务经验让授课内容更符合当下法考案例化的考试要求。
郭抑扬	中国政法大学博士，扎实的理论加上苏格拉底式的提问与举例，让刑诉法更加充满思辨的趣味。课堂上谈笑风生，能迅速让学员了解刑诉法条内在的逻辑、考点和易混点；在事实、法律之间辗转腾挪，将枯燥的法条形象化，减少记忆的时间和难度。
李 辞	中国政法大学博士，高校副教授、硕士生导师。深谙法考重视综合性、理论性考查的命题趋势，善于搭建刑诉法学科体系架构，阐释法条背后的原理、立法背景与法条间的逻辑关系，通过对知识点的对比串联强化记忆。
邓丽亚	厚大新晋新锐讲师。法学研究生毕业，具有多年法考一线教学辅导实践经验，案例储备丰富，上课风趣幽默，繁简得当，贯彻应试教学核心理念，帮助考生实现高效学习。

商经知主讲老师

鄢梦萱	西南政法大学经济法学博士，知名司考（法考）辅导专家。自 2002 年开始讲授司法考试商经法，从未间断。在 17 年教学中积累了丰富的经验，熟悉每一个考点、每一道真题，掌控每一个阶段、每一项计划，不仅授课节奏感强、循序渐进，课程体系完备、考点尽收囊中；而且专业功底深厚，对复杂疑难问题的讲解清清楚楚、明明白白，犹如打通任督二脉；更重要的是熟悉命题规律，考前冲刺直击考点，口碑爆棚。
赵海洋	中国人民大学法学博士，法学博士后，商经法新锐名师。"命题人视角"授课理念的提倡者，"考生中心主义"讲授模式的践行者。授课语言诙谐，却暗蕴法理，让复杂难懂的商经法"接地气"。注重法理与实务相结合，避免"纯应试型"授课，确保考生所学必有所用。独创"盲目自信法"和"赵氏科学蒙猜法"，真正做到"商经跟着海洋走，应试实务不用愁"。

三国法主讲老师

殷 敏	上海对外经贸大学教授，法学博士后，硕士生导师；美国休斯顿大学访问学者、中国人民大学访问学者；中国国际法学会理事、中国国际私法学会理事、中国国际经济法学会理事，中国欧洲学会欧洲法律研究会理事；入选 2019 年度上海市浦江人才计划。从事三国法司法考试培训 10 余年，对考点把握极其精准，深受广大学员喜爱。
段庆喜	中国人民大学法学院国际法博士，法考培训三国法辅导名师，具有多年授课辅导经验。善于总结归纳，将抽象、高冷的国际法知识与日常生活巧妙对接，易于考生理解，令规则学习变得有趣、有料。

理论法主讲老师

高晖云	中南财经政法大学法学博士，高校法学教师，中央电视台 CCTV-12 "法律讲堂"主讲人。自 2004 年起执教高校，讲授法理学、宪法学、中外法律史等多门课程，授课幽默风趣，风格轻松流畅，善于以扎实的理论功底打通理论法学脉络，独创"抠字眼、讲逻辑"六字真言，让考生穿透题面，直击考点，斩获高分。
李宏勃	法学教授，硕士生导师。讲课深入浅出、条理清晰，能够将抽象的法学原理、宪法条文与鲜活的社会生活相结合。在传授法律知识与应试技巧的同时，强调培养学员的法律思维与法治理念。

厚大法考（北方区）2020 年面授咨询方式

【北京分校】北京厚大 4009-900-600 转 1   北京市海淀区苏州街 20 号银丰大厦 2 号楼南侧二层
【郑州分校】郑州厚大 17303862226 杨老师   19939507026 李老师
            郑州市龙湖镇（南大学城）泰山路与 107 国道交叉口东侧 50 米路南潮辣火锅六层
【西安分校】西安厚大 18691857706 李老师   18838987971 刘老师
            西安市雁塔区长安南路长延堡街道丽融大厦 1802 室

厚大法考（广州）2020 年客观题面授教学计划

	班次名称	授课时间	标准学费（元）	阶段优惠(元)			备注
				7.10 前	8.10 前	9.10 前	
暑期系列	客观暑期精英班	7.9~9.1	9980	9200	已开课		本班随堂资料
	客观暑期全程班	7.9~9.1,客观题考前 13 日~客观题考前 5 日	12800	11800	已开课		
延期新增脱产系列	主客一体全程班优惠模式	7.9~客观题考前 5 日	18800	14800	已开课		本班配套图书及随堂资料
	主客一体全程班 VIP 模式		18800	VIP 模式无优惠,座位前三排,导学师跟踪辅导,限额招生。			
	主客一体全程班退费模式		39800	退费模式无优惠,客观题不过,退 30000 元,过关奖励 9800 元,导学师跟踪辅导,限额招生 10 人。			
	主客一体特训班	8.13~客观题考前 5 日	15800	11800	12800		
	主客一体提分班	9.1~客观题考前 5 日	11800	8800	9800		
冲刺系列	点睛冲刺班	客观题考前 13 日~客观题考前 5 日	4580	4280	4380		
周末系列	客观周末特训班	8 月初~9 月,客观题考前 13 日~客观题考前 5 日	8980	8480	8680	已开课	
	主客一体周末特训班	8 月初~客观题考前 5 日	13800	10500	10800	已开课	
	主客一体周末精英班	8 月初~客观题考前 13 日	9800	7800	已开课		
	主客一体周末提分班	9 月中下旬~客观题考前 5 日	9800	6800	7800	8800	

2020 年 6 月 20 日之前已经报名原 2020 客观题面授班次的学员,加 3000 元可读新增主客一体阶段课程。

其他优惠：
1. 3 人（含）以上报名，每人优惠 200 元；5 人（含）以上报名，每人优惠 300 元；8 人（含）以上报名，每人优惠 500 元。
2. 厚大面授老学员报名享九折优惠，厚大非面授老学员报名享 200 元优惠。

【广州分校】广州市海珠区新港东路 1088 号中洲交易中心六元素体验天地 1207 室   020-87595663   020-85588201
            广州市天河区龙口东路 19 号广东法官学院 908 室   020-87595663   020-85588201
【深圳分校】深圳市罗湖区解放路 4008 号深圳大学继续教育学院 B 座 11 楼   0755-22231961

厚大法考 APP

厚大法考官博

北京厚大法考官博

广州厚大法考官微

厚大法考（深圳）2020 年客观题面授教学计划

班次名称		授课时间	标准学费（元）	阶段优惠(元)			备 注
				7.10 前	8.10 前	9.10 前	
暑期系列	客观暑期精英班	7 月下旬~9 月下旬	8880	8680	已开课		本班随堂资料
	客观暑期全程班	7 月下旬~9 月下旬，客观题考前 13 日~客观题考前 5 日	9880	9680	已开课		本班配套图书及随堂资料
延期新增脱产系列	主客一体全程班优惠模式	7 月下旬~客观题考前 5 日	18800	12800	已开课		
	主客一体全程班 VIP 模式		18800	VIP 模式无优惠，座位前三排，导学师跟踪辅导，限额招生。			
	主客一体全程班退费模式		39800	退费模式无优惠，客观题不过，退 30000 元，过关奖励 9800 元，导学师跟踪辅导，限额招生 10 人。			
	主客一体提分班	10 月初~客观题考前 5 日	11800	8800	9800		
冲刺系列	点睛冲刺班	客观题考前 13 日~客观题考前 5 日	4580	4280	4380		
周末系列	客观周末特训班	8 月初~9 月，客观题考前 13 日~客观题考前 5 日	8980	8480	8680	已开课	
	主客一体周末特训班	8 月初~客观题考前 5 日	13800	10500	10800	已开课	
	主客一体周末精英班	8 月初~客观题考前 13 日	9800	7800	已开课		

2020 年 6 月 20 日之前已经报名原 2020 客观题面授班次的学员，加 3000 元可读新增主客一体阶段课程。

其他优惠：

1. 3 人（含）以上报名，每人优惠 200 元；5 人（含）以上报名，每人优惠 300 元；8 人（含）以上报名，每人优惠 500 元。
2. 厚大面授老学员报名享九折优惠，厚大非面授老学员报名享 200 元优惠。

【广州分校】广州市海珠区新港东路 1088 号中洲交易中心六元素体验天地 1207 室　020-87595663　020-85588201
　　　　　　广州市天河区龙口东路 19 号广东法官学院 908 室　020-87595663　020-85588201
【深圳分校】深圳市罗湖区解放路 4008 号深圳大学继续教育学院 B 座 11 楼　0755-22231961

厚大法考官博

深圳厚大法考官微

厚大法考（广州）2020年主观题面授教学计划

全日制（脱产）系列						
班次名称		授课时间	标准学费（元）	阶段优惠(元)		
				7.10 前	8.10 前	9.10 前
大成系列	主观暑期班	8.5~10月中旬	19800	12800	13800	已开课
	主观集训班	8.5~主观题考前5日	29800	18800	22800	已开课
	主观高效提分A班	9.1~主观题考前5日	22800	15800	17800	19800
	主观短训A班	10.16~主观题考前5日	19800	10800	11300	11800
	主观短训VIP班		19800	协议班次无优惠,考试不过退费1万元;专属辅导,一对一批阅。		
	主观短训B班	客观成绩公布3日后~主观题考前5日	16800	8800	9300	9800
冲刺系列	主观密训营	主观题考前12日~主观题考前5日	9800	5480	5980	6480

厚大法考（深圳）2020年主观题面授教学计划

全日制（脱产）系列						
班次名称		授课时间	标准学费（元）	阶段优惠(元)		
				7.10 前	8.10 前	9.10 前
冲刺系列	主观短训B班	客观题成绩出来后3日~主观题考前5日	16800	8800	9300	9800
	主观密训营	主观题考前12日~主观题考前5日	9800	5480	5980	6480

其他优惠:

1. 3人（含）以上报名，每人优惠200元；5人（含）以上报名，每人优惠300元；8人（含）以上报名，每人优惠500元。

2. 厚大面授老学员报名享九折优惠，厚大非面授老学员报名享200元优惠。

3. 2020届厚大面授客观题精英班以上（含）班次学员加报主观短训B班或者主观密训营，享八折优惠。

【广州分校】广州市海珠区新港东路1088号中洲交易中心六元素体验天地1207室　020-87595663　020-85588201
　　　　　　广州市天河区龙口东路19号广东法官学院908室　020-87595663　020-85588201

【深圳分校】深圳市罗湖区解放路4008号深圳大学继续教育学院B座11楼　0755-22231961

厚大法考官博

广州厚大法考官微

深圳厚大法考官微

厚大法考——免费课件模式开创者，最懂法考生的法律培训机构！

认真是我们的底色，优质是我们的常态。

让法律学习不再晦涩难懂、高不可攀，每一次探索都是为了让你的学习之路更加顺畅。

免费课堂开创者　　　　学习包开创者　　　　名师严选平台开创者

在厚大法考，*YOU CAN GET ...*

高清免费视频课
全科目、全阶段，
足够过法考

机考系统全真模拟
刷题、解析、测评，
免费开放

优质线下面授课程
氛围、环境、服务，
全方位助力备考

厚大360在线网课
足不出户享受品质教学

20+名师
一科目多名师，总有适合你的

精编配套学习资料
名师亲编图书，完美
契合学习进程

资讯服务：

1. 厚大法考官博（克劳锐品牌社交媒体排行榜教育领域排名
　 第一，汇集更重要更有用的业内资讯、学习方法）

2. 厚大法考微信订阅号

客服服务：4009-900-600-2

面授服务：4009-900-600-1

厚大官网：http://www.houdask.com

厚大法考官网

厚大法考官博

购买更多产品请扫描
厚大天猫旗舰店二维码